职场对话

如何在多变的职业世界里实现自我发展？

陆 伟 蔡语婧 著

上海社会科学院出版社

自　序

从小到大，母亲一直都是我最强大的后盾，而我也陪伴了她职业和人生的每一次高低起伏。我见过她在深夜的台灯下反复练习数钞、复习资格考试的认真；我见过她把西装穿出战甲的气势，在大会上运筹帷幄的自信；我见过她越挫越勇、不断学习进取的韧性。她会在我考试成绩远远落后于同龄人的时候对我已有的进步大加表扬，也会在我高傲自大的时候不留情面地把客观现实浇在我头上。我志得意满的时候，她感动得热泪盈眶，召集四方亲朋好友为我举杯庆祝；我内疚羞愧的时候，她毫不责怪，默默地陪我坐在南师大的草坪旁边吃完一支冰激凌。虽然一直都很感激母亲的爱和谆谆教诲，但因为自己认知的局限性，对于这份幸福的难得也只能是窥豹一斑。直到最近，在生活变动的冲击下，我才更加看清了可以得到母亲这样教育的荣幸，这才萌发了想将这份珍贵的体验也分享给大家的念头。

去年六月，我的研究生毕业演讲出人意料地被广泛传播。在表面上镇定地一一谢绝各大媒体邀约的同时，我看着这条视频的观看人次以千万为单位在增长，每晚都在极度的兴奋和焦躁中睡不着觉，并接近疯狂地搜索一切关于自己的帖子，阅读每一条关于自己的评论。看着如此多素未谋面的陌生人根据一个短短的视频赞美我，攻击我，无关痛痒地评论我，实在是一个让人难以言喻的过程。这样过了几天，在机械地刷着网页的时候，我看着弹幕里的一句话愣住了——"谁说女生读书没有用的。"

从小长大的环境里，读书，然后去获得更高的学位，一直是理所当然的事情。就在我研究生毕业演讲的那个五月，高中放学一起骑自行车回家的女孩还有一年就要从哈佛法学院毕业了，而在职场打拼几十年后继续苦攻博士学位的妈妈也在准备答辩了。而发表这个评论的人，应该是个女生吧，她居然成长在一个有人告诉她女生读书是没有用的环境里。从那之后的大半年里，这句话一直萦绕在我脑海里，让我坐立难安。我眼前得到的令人称羡的工作机会，有自己努力的因素，但如果不是因为我获得的教育，根本是不可能拥有的。而自以为过五关斩六将才获得的教育机会，如果没有家人朋友不断地鼓励和支持，那更是不可能完成的。那个时刻我才意识到，一直以来觉得获得的东西是靠自己努力得来的这份骄傲，背后有多大的幸运在支撑。而既然拥有了这样的机遇，也就同时担起了一份责任，我不想再只关注我、我、我，而有了应该为别人做点什么的想法。

可具体能为他人做些什么呢？我细细回想成长过程里对自己帮助最大的东西，发现其中很多都来自日常和母亲的对话。那何不把这些对话分享给大家呢？这个想法和刚刚获得博士学位的母亲一拍即合，而在诸多的话题之中，我们也很自然地就想到了职业启程的内容。不仅我自己，周围许多朋友在找工作、开始工作后面临诸多困难时，总会一一向曾经担任人力资源部负责人的母亲请教。除了分享应对工作挑战的思路，解释人力资源的专业概念以外，母亲的角色比任何人都更体贴，帮助我适应从学生到职场人的社会角色转换过程，舒缓了这个过程中我的心理压力，如此这般有了你眼前的这本书。

最后，还想分享母亲根据一位将军的家训改写的一段给我的寄言，希望能给你带来我每次读的时候感受到的那份温暖和鼓励：

希望我的孩子品性高洁、充满智慧、柔情，使她坚强到能够认识自己的软弱，勇敢到能够面对恐惧。在失望时，毫不气馁；在胜利时，谦逊温和。希望我的孩子，不至于空有幻想而缺乏行动。希望她知道，认识自己乃是知识的基石。

希望她自信、热情、积极，坚持做她自己，爱她自己。学习在变化的社会中挺身站立，并学会怜悯那些在重压下失败的人。愿她找寻到优良的学习、生活和工作环境，那里安全、友善、温暖如春。希望我的孩子，心地纯洁，目标远大；使她在指挥别人之前，先懂得驾驭自己，从而伸展未来的理想。

我还希望她永远健康平安，使她能够承载丰富的爱、幸福和财富，却不至于过分苛求自己。希望她拥有欣赏、祈祷和祝福。使她永远牢记：真正伟大中的谦虚，真正智慧中的开明，真正勇敢中的温柔。

蔡语婧

2018 年 12 月

前　言

著名人力资源管理专家戴维·尤里奇在其著作《HR人力资源转型——为组织创造价值和达成成果》中提到，"员工面对的要求越来越高，更全球化、更快响应客户、更灵活、更多学习导向、更多团队驱动、更高生产力，公司必须认识到这要求是真实存在而且无法规避的。为了更具竞争力，公司必然会对员工提出更多的要求，这些要求造成的影响不容忽视"。

现实生活中，年复一年，按照全社会习惯性的既定节奏，许多年轻人在离开校园之后进入职场，2017年我的女儿出现在这个行列里。即使自己在职场上度过了近三十年，可是面对现代年轻人的新思想和时代发展带来的新工作场景，感觉根本无法用经验解决他们的新问题。除了女儿之外，在工作中，越来越多的90后年轻人成为自己的同事。这些一方面不断提醒着我要学习适应新变化，另一方面引发了我新的思考——自己学习过的人力资源体系仍然在运行着，初入职场的人们的年龄越来越年轻，技术越来越先进，管理工具和方法越来越多，概念与名词越来越新，职场中还有什么是不变的？

本书的写作源于女儿蔡语婧的鼓励，如何能对眼前的现实挑战提前开展应对准备，不仅仅困扰着她，也困扰着她的同龄人。她的观点是，自己的妈妈可以在孩子成长过程中随时分享一些应对工作困难的思路，解释一些人力资源管理的专业概念，帮助她更快地适应从一个学生成为一个职场人的社会角色转换过程，同时帮助她对于公司布置的工作要求有更加充分的心理准备。可是社会上还有很多年轻人，如果他们的家人没有这么多人力资源系统性理论，那么这些年轻人对于如何应对新时代职场的诸多要求就会缺乏一种同理性支持，就要靠自己去摸索。她认为分享也是一份责任。

在走过了近三十年的职业旅程之后，我也有切身体会，由于自己先后从事过职责迥异的业务岗位十多个，其中金融和医药企业人力资源工作累计超过 10 年，几乎一直在面对变化的挑战，以致整个职业发展过程中几乎一直处于边学习边工作的状态。其间既体验过获得晋升和荣誉称号时的满足与喜悦，也体验过因工作失误引发的困境和压力。职业生涯中得到过许多人的帮助和支持，共同应对工作中的困难和挑战。从中也深刻体会到，不同岗位角色的同事在交流职业发展话题时，各自处于不同语境，存在大量的信息不对称，甚至可能陷入无法达成共识的矛盾之中。在实体企业工作期间，看到许多年轻的员工对于企业成长过程中遇到的竞争挑战和发展曲折，在思想上和心理上准备不足，没有意识到每一个企业也类似一个生命体，一定存在特定"强势基因"，赋予了企业顽强的生命力，使之得以生存、发展、壮大；同时也存在某些"弱势基因"致使它呈现形态不一的问题。许多职场明智之士懂得借助企业的"强势基因"达成个人职业发展与企业成长的双赢，获得更加辉煌的成功；也有不少人抗拒企业"弱势基因"的存在，用"抱怨"和"责怪"的方式白白消耗了宝贵的精力和时间；还有许多优秀的职场人士在组织变革过程中，因为无法适应变化带来的影响，只能充满无奈和惆怅地挥泪告别企业。这些都让我感到有必要把人力资源专业管理概念转换一个角度来诠释，帮助年轻人从寻找工作阶段开始提升心理准备，进一步厘清个人对企业运营的客观认知，更好地适应职场的发展，也希望能在他们迷茫时提供一些方法探索前进的方向，帮助他们更有效地发挥个人的卓越才能贡献社会。

每个人都有一双眼睛，但众人对于他们所观察到的现象的理解方式却各不相同。培养独特的观察能力需要学会使用观察的工具和方法，还要学习变换观察角度。从不同角度观察同一事物的结果是不同的，从对方立场观察能理解对方想法，从第三方立场观察能够帮助提高客观性，如果不会改变观察角度则好比盲人摸象——无法全面、客观地看待事物。自己在2017年底完成博士论文答辩，研究课题是"公司治理、技术创新与中国医药企业成长的动态关系研究"。通过对这一领域的研究，我再度审视人力资源运行体系时，对个人职业发展与产业组织发展之间的内在联结关系有了新的认知。在此基础上，我们结合自己的观察与思考提出了本书的框架体系。

本书通过年轻人与母亲对话的形式，围绕产业组织中个人职业发展实务与理念展开讨论。根据常规职业发展途径，一位年轻人从找工作开始，到完成入职，晋升主管或者经理，直至担任一家企业的中高级管理层，基本经历了以下发展阶段（如下图所示），所以书中章节的逻辑基本按同样顺序展开。大结构上分为找工作时的启航篇、初入职场后的渐入佳境篇、成为中流砥柱的欢乐颂篇。

发现阶段	准备阶段	第一阶段	第二阶段	第三阶段	第四阶段	第五阶段
Discovery	Pre-work	Phase I	Phase II	Phase III	Phase IV	Phase V

启航篇包括第一章至第四章，对应上图中的发现阶段和准备阶段。按照本书的理论，职业旅程的起点从认识自我开始，所以第二章首先引入了"象与骑象人"的概念。第三章介绍了发现阶段的五种罗盘，即从自我评估开始，再依次按照行业与细分行业、企业、人岗匹配、岗位的存在与消失这样的逻辑来介绍人们参加招聘活动时，可以提前了解的一些内容。这五种罗盘，不仅仅适用于初始找工作阶段，还适用于在职业发展全过程中对于晋升新岗位以及变换工作时的重新评估。第四章是准备阶段面临选择时的各项识别工作，包括对岗位信息和薪酬信息的解读——这也是经常产生困扰的部分。

渐入佳境篇包括第五章至第九章，对应上图中的第一阶段、第二阶段、第三阶段。基本上是人们在职场上从入门开始的探索积累阶段。第五章主要介绍了新员工入职之后需要个人把握的一些职业行为。第六章围绕职场中的考核工作和考核方直线经理的职责展开讨论。第七章讨论了如何主动发现职场上可以助自己一臂之力的伙伴。考虑到现实情况中年轻人往往在进入职场3—5年之后，需要重新思考一下自己的未来。第八章、第九章分别提出了重新定义工作的意义、重视思考幸福的假设的观点。

欢乐颂篇包括第十章至第十二章，对应上图中的第四阶段、第五阶段，是职业生涯的后半程部分。职业阶段进入这个阶段，既是人们在职场上得到不断提拔、获得肯定和认可、欣赏的重要阶段，同时也是人们责任最重的一个阶段。不仅在工作中被赋予重要责任，生活中同时需要承担抚育孩子、赡养老人的重任。破茧成蝶的过程并不轻松，所以第十章提出的是需要对自己的优势力量在积蓄之中完成升华，完成突破之后方可承载得住更加重要职业角色的挑战。第十一章提出，进入中流砥柱职业阶段的人们更多地将承担"引领后来者"的使命，面对的是更加不确定的未来，需要从更高境界来解读职场。第十二章是本书的收尾章节，提出了职场传承与分享的观点。

书中很多模型和观点来自两位作者自己职业经历中的学习与总结，希望可以为年轻人发现、思考、判断与选择提供多元化的视角，帮助年轻人从工作中发现更多的发展机会，更多的希望。读者可以根据自己的需要和兴趣，直接选取相应章节阅读。

在职场上，个人与组织之间的关系并没有标准配置，只有个性化特征。你越了解自己，越知道组织需要什么，建立个人与组织之间平衡关系的能力就越强，越能够享受其中。希望帮助年轻人从工作中感知到更多的乐趣、幸福和更暖意的温情，能够让自身的生命能量绽放出更加耀眼的光芒，是两位作者合作完成这本书的动力和出发点。

《第九交响曲》是德国著名作曲家贝多芬最光辉的音乐主题之一，其中第四乐章的合唱部分以诗人席勒的《欢乐颂》为歌词。反映了贝多芬一生所领悟到的人生真谛，被公认是歌颂生命的伟大赞歌。职业旅程几乎是每个人投入了大量的时间和精力，不断承受和付出的一段特殊人生旅程，本书也希望传达出这样的意涵：职场也是能够创造幸福的重要空间，对于所有付出劳动和勤奋工作为社会贡献福祉的人们，值得为自己理直气壮地吟颂赞歌。

　　本书中提出的概念和观点是两位作者的一次尝试与探索，不当之处欢迎大家给予批评指正，以帮助两位作者在未来工作中不断提升对职业发展的观察水平和研究水平。

　　声明：本书仅代表作者的个人理解和观点，不代表作者所服务的企业立场。同时，本书中作者对于人力资源管理的个人观点，凡涉及具体法律边界，还请以具体有关部门和企业解释的口径为准。

陆　伟
2019 年 1 月

目录 Contents

启航篇

第一章　摆在我们前面的路　/　3
　　在年轻人眼里，摆在前面的路是……　/　5
　　在妈妈眼里，摆在前面的路是……　/　10
第二章　从自我认知探索开始——象与骑象人　/　18
第三章　拨开迷雾的罗盘　/　24
　　面包与爱情哪个更重要？——自我需求供给均衡关系
　　罗盘　/　27
　　男女都怕入错行——MGP 细分行业罗盘　/　32
　　大浪淘沙、去伪存真——LEG 企业筛查罗盘　/　41
　　掌握人岗相适的神奇艺术——匹配原则罗盘　/　48
　　岗位的存在与消失隐藏着什么奥秘？——岗位三维空间
　　罗盘　/　56

第四章　确定 OFFER，"芝麻开门" / 68
寻觅招聘信息中隐含的"责、权、利"线索 / 69
通过实习模拟工作实景 / 87
完成面试获得 OFFER / 88
"芝麻开门" / 92

渐入佳境篇

第五章　缄默的职场惯例 / 99
自律的行为 / 102
灵活应对的行为 / 110
自我风险管理的行为 / 126

第六章　如何与"考核"及"评价"相处？ / 135
"我尽力了，为什么还得不到好评？"——个人贡献与组织需求动态平衡模型 / 136
知行合一，加强职业精神 / 149
通过良好的绩效评价走向升职——绩效评价与人才管理关联模型 / 152

第七章　神秘的好伙伴为你"锦上添花" / 156
客户可以成为你提高绩效的"神助攻" / 157
同事可以成为你解决问题的"良师益友" / 160
HR 可以成为你职业发展的"催化剂" / 162

第八章　重新定义工作的意义——喜欢就要表白 / 169
着眼未来，重新评估胜任潜力和准备程度 / 171

关注过去，重新评估自己的贡献优势所在 / 175

重新定义自己工作的意义 / 179

第九章　追求幸福的方法——重新思考幸福的假设 / 183

定义自己的幸福 / 183

幸福支点的多元化 / 189

欢乐颂篇

第十章　破茧成蝶——凝聚并升华优势 / 195

凝聚优势力量 / 196

萃取知识　升华思想 / 203

修炼心性　升华职场智慧 / 205

第十一章　中流砥柱，智慧引领前进的道路 / 211

天行健，君子以自强不息 / 213

厚德载物，价值观的丰盛馈赠 / 216

迈入深度国际合作 / 219

第十二章　职业传承与分享 / 225

传承让幸福繁茂绵长 / 226

分享知识与财富让幸福建立在磐石之上 / 228

启航篇

第一章
摆在我们前面的路

爱和工作是我们人性的基石。

——西格蒙德·弗洛伊德

2018年初，世界各国媒体都报道了美国企业家埃隆·马斯克名下的SpaceX公司实现运力强大的"重型猎鹰"火箭发射和回收的消息，引起全球瞩目。

我们从网上选取资料绘制了马斯克职业历程示意图，如图1-1所示。这是马斯克个人成长之路，而我们每一个人每一天都行进在自己的人生旅程之中。

摆在我们前面的又会是什么样的一条道路呢？

当下社会中，人们谈论最多的是"别人的成功"：别人家孩子的聪明与成绩、别人的权力和人脉关系、别人的豪宅和豪车、别人家企业的排行榜位次……

可是当独自安静地面对自己时，却不知道明天会发生什么？会遇见什么？

摆在我们前面的路充满了无限希望，充满了无限想象。可细细数来，每天被衣食住行、游戏、眼花缭乱的网络社交信

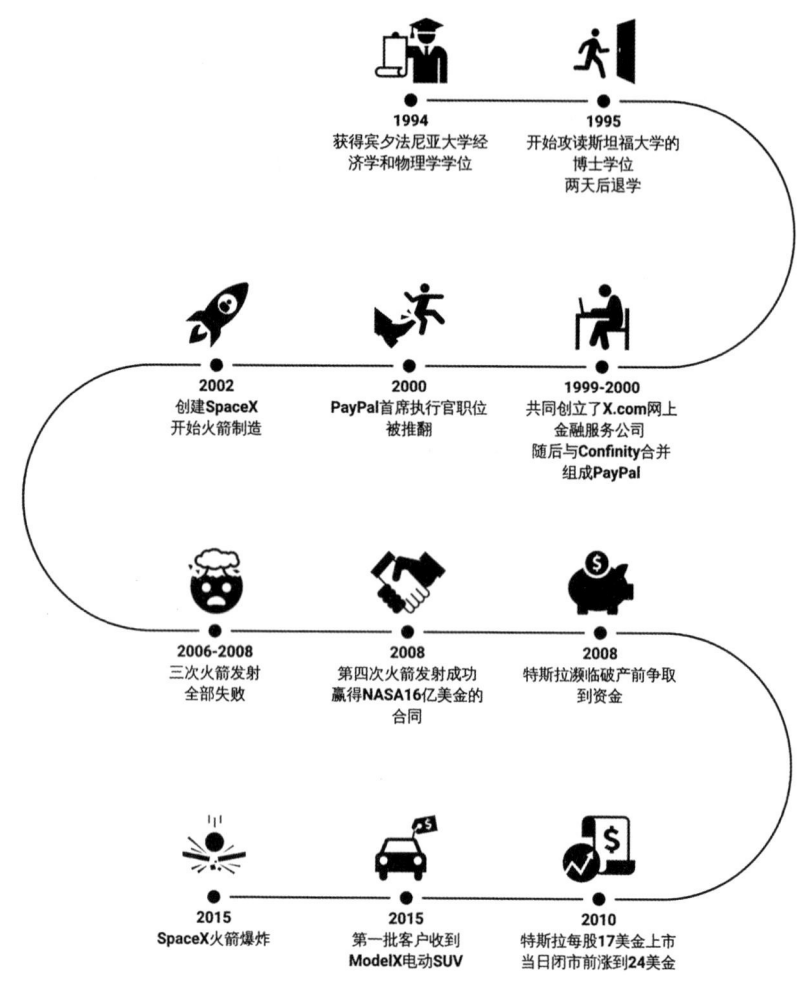

图 1-1 埃隆·马斯克的职业历程（部分）

- **1994** 获得宾夕法尼亚大学经济学和物理学学位
- **1995** 开始攻读斯坦福大学的博士学位 两天后退学
- **1999-2000** 共同创立了X.com网上金融服务公司 随后与Confinity合并组成PayPal
- **2000** PayPal首席执行官职位被推翻
- **2002** 创建SpaceX 开始火箭制造
- **2006-2008** 三次火箭发射全部失败
- **2008** 第四次火箭发射成功 赢得NASA16亿美金的合同
- **2008** 特斯拉濒临破产前争取到资金
- **2010** 特斯拉每股17美金上市 当日闭市前涨到24美金
- **2015** 第一批客户收到ModelX电动SUV
- **2015** SpaceX火箭爆炸

息、睡眠占据了全部时间，而这些似乎离"别人的成功"遥不可及，由此产生了所谓"别人的成功"带来的压力和焦虑，对当下的生活内容与工作内容究竟有什么意义充满了困惑和迷茫。

岁月的旅程已经在你面前铺开，你可以用什么去展开、去填充……

在年轻人眼里，摆在前面的路是……

学生时代的进程有时候像是节假日期间在火车站挤火车。

车上的座位有限，而错过了眼前的这班车就赶不上接下来的车，所以站台上的每个人都铆足了劲向前挤，生怕落后一步就耽误了自己之后全部的行程。至于去哪里，虽然暂时也不很清楚，但顺着人群的方向走总不会错吧？这样紧张地赶着，换车，赶了十几年，终于到达了目的地。眼前的风景却又让人陷入了迷茫，"现在我要怎么做？"

有些人开始重新思考：我一开始到底为什么要赶火车？我付出这么多努力走的这个方向，到达的这个目的地，真的是我最喜欢同时最适合我的吗？如果中途面对那班费尽力气才勉强挤上的火车时，我选择了退后稍作休息和调整，是否反而可以坐上舒适的座位不用这么劳累，或者换乘下一班快车更早地到达呢？有的人得意自己占了拥挤车厢里最优选的座位，一回头才发现身旁的好友们已经不知道什么时候走散了。有的人懊恼着自己没能赶上热门的路线，却在新的世界中探索着从未想象过的美景。

在这个结束了学生生涯开始走入成人社会的尴尬阶段，无法摆脱的主旋律是焦虑和迷茫。无论作何决定，耳边总是萦绕着"如果这样呢？如果那样呢？"的困惑和犹豫。不同于学生时代有考试成绩这样清晰的标准来衡量结果，现在的目标变成了幸福或成功这样笼统的、模糊的定义。在外部环境快速变化的情况下，再也没有了预习—学习—复习这样只要做了就可以得到预期结果的秘法。相反的,获得幸福和成功的路径也充满变数,让人捉摸不定。

看看远方模糊的目标,再看看手上可以选的选项。如果发现可选的都是自己不喜欢的职业或者生活方式,那肯定不会觉得快乐。可当选择都很诱人时就不痛苦了吗?

一直很喜欢美国诗人罗伯特·弗罗斯特的《未选择的路》(The road not taken),诗中有这么一段:

啊,留下一条路等改日再见!
    Oh, I kept the first for another day!
但我知道路径延绵无尽头,
    Yet knowing how way leads on to way,
恐怕我难以再回返。
    I doubted if I should ever come back.
也许多少年后在某个地方,
    I shall be telling this with a sigh,
我将轻声叹息将往事回顾:
    Somewhere ages and ages hence:
一片树林里分出两条路——而我
    Two roads diverged in a wood, and I —
我选择了人迹更少的一条,
    I took the one less traveled by,
从此决定了我一生的道路。
    And that has made all the difference.

正如诗里形容的,在人生很多重要节点,一旦做出了选择就无法再折返重选,而有时一个选择,决定了未来一生的道路。面对自己选择会带来的影响,我们会感到十分焦虑,很重要的原因是因为缺少完整信息。首先,我们依然缺乏对自己清楚的感知。曾经有个笑话说道,大学校园的安保人员问来访人员的都是终极哲学问题:你是谁?你从哪里来?你要到哪里去?幽默之余的确引人深思……我的答案究竟是什么?在校园里,学生们优先需要做好的是打好知识的基础,建立完整的知识体系。不仅自身被仅有的少量生活阅历限制着,再加上这些问题本来也没有标准答案,所以对于它们的思考确实容易变成吃力不讨好的事情。如今,在通识教育基础已经具备的前提下,到了需要去选择最适合自己,让自己最好地创造价值的领域的时刻,对这些问题的深思熟虑和回答则是迫在眉睫了。

所以铺在我们眼前的路是一条向内探索自我的路,而且这个自省的过程需要投入大量的时间和精力。业已形成的模糊的、粗线条的理解已经不足以支撑个人所面对的新阶段的选择,更加需要的是把自己的行为模式和喜好憎恶等一层一层地进行精准评估。例如,你认为自己大概应该从事职业艺术家的职业,因为自己享受艺术创作。那为了更好地做出选择,就应该首先知道自己到底是不是享受艺术创作,为什么享受等。

这里,想要弄清楚自己是不是真的享受艺术创作,就要回想,是生活里哪些特定的场景和时刻让你强烈地感受到自己对于艺术创作的享受?那个时刻发生了什么,你的心情和身体感受具体是如何的?这样的心情和身体感受是只来源于艺术创作,还是来源于什么别的东西?

同时，想要弄清楚自己为什么享受艺术创作，就要再仔细观察自己的"享受"，用言语或者文字精准描述出来的话，到底是什么？是把自己的思想实体化展现给世界带来的满足感，还是知道自己创作作品很轻易就比他人优秀的优越感，甚至是社会定义的"学艺术"这个标签给你带来的与众不同，特立独行的被关注感？细化了"享受"这个笼统的概念，再翻阅记忆中的人生轨迹，是从小到大的哪些重要的时刻和事件成就了现在的自己对于这种"享受"的追求？那些事件是否改变了你的某些看法，满足或没满足你的哪些需求，甚至改变了你和身边重要的人的关系？如果事件主要改变了关系，那么，那些重要的人，无论是朋友或是家庭成员，一直以来对于艺术或是艺术所代表的东西所持有的态度是什么？你和他们的关系又是怎样的？通过对这类一系列问题的思考，逐渐细化对自己的了解，面对选择时才能胸有成竹。

随着人的成长和经历的累积，对于自我的探索注定是一个无法一蹴而就、一劳永逸的过程。子曰："吾十有五而志于学，三十而立，四十而不惑，五十而知天命，六十而耳顺，七十从心所欲不逾矩。"刘宝楠《论语正义》中说，"知天命者，知己为天所命，非虚生也"。如此所说要到五十岁才可以对于自己的禀赋以及肩负的使命有所了解，可见对自我的认知和探究是一个永不停止，不断进取的过程。

更好地了解自己的同时，在我们眼前的更是一条向外探索世界之路。随着工作生活的开始，生活里必然出现了各式各样新的体验，而这个接触和适应的过程总是让人恐惧和局促不安的。就像第一次进入泳池学习游泳的新手，起初的反应总想紧抓池边的扶手不肯松开。这样选择待在自己熟悉的，确定是安全的环境里，是一种很自然的自我保护方式。生活里类似的"泳池扶手"还有很多，很厌烦却也不跳槽的工作，不合适却不愿离开的感情，但这样用尽全力去维持的稳定性，在不断变动的大环境下是否真的稳定呢？与其紧抓稳定的假象，不如平静自己，渐渐踏出自己舒适的活动范围主动地探索，感受水流围绕身边的轻盈。

是，对熟悉感的追求让我们遥远的祖先不会随便采摘鲜艳的蘑菇或者是盲目追逐猛兽，但如果没有冒险和改变的勇气，哪来六万年前人类从起源地非洲向世界各地的迁徙，从而形成如今灿烂而多样的人文历史呢？所谓"读万卷书，行万里路，胸中脱去尘浊，自然丘壑内营"。无论是通过阅读书本从而转换时间，获取前人的智慧，还是通过变更城市从而转换空间，对多样世界的接触都可以打开人的视野，帮助人们更好地理解面临的选择背后的环境与条件，预判可能出现的结果。同时很重要的是，在向外探索的过程中，人们会意识到有别的选择存在，自然地放下一些不必要的"应该这样做""不应该这样做"的评判。对于一个从小到大三餐以米饭为基础的亚洲人来说，如果天天以油炸香蕉为主食恐怕很难适应；而对于非洲和南美的很多人来说却是恰恰相反。这样的饮食模式没有"好"与"不好"之分，只是适应环境而已。在尊重不同的观点存在的基础上，尽可能多地"懂得"选项以后做出的选择，必然是更加成熟和坚定的。

对内与对外的探索并不矛盾，而是相互作用，相互扶持的。首先，对自己需求和喜好的细化了解可以指引自己在外部世界前行的方向，从而事半功倍。其次在对外部世界的积极的探索过程中，我们可以通过和他人的交流反馈，以及觉察自己在新的情境下的反应，更好地了解自己。也许老友们一直公认你是最好的倾诉对象，因为无论对你诉说什么你都耐心地倾听给予支持。而你却在和新同学聊天相处的过程里发现，自己其实会受到他人负面情绪很大的影响。而长期以来压抑自己的需求去倾听，也许是童年时期受到的忽略让自己潜意识里觉得个人的需求不值得被重视，被负面情绪影响的心情并不重要。如果是这样的情况，那这样的形象虽然表面上很正面也给你赢得了许多友谊，但实际上给你带来特别大的负担和伤害，那就可以欣然摘掉。或许你一直骄傲文科的学习能力，却害怕触碰任何与理工学科有关的内容，认为自己既不会喜欢也不会擅长。在一个偶然的任务中发现自己对于相关内容的掌握并不落后于他人，相反还更加轻松，更加得法。这时候再仔细听脑海里那些泄气的声音，发现其实并不是自己的声音，而是初中数学老师嘴里念叨的："女孩子文科好，理科差。"这时候你就会明白，原来这不是自己本身的原因，而是没防备地被外部贴上了这个标签，还不断地自我认同从而变成了信念。因此你大可撕开这些限制，去挑战原本不敢企及的机遇。

如此通过和外界的不断接触反馈，意识到身上哪些东西是自己的，哪些是社会和周围的人给自己贴上的标签。一一分析，摘掉不喜欢的，发现未发现的自己，从而轻装上阵。

一片树林里分出两条路，而你，你选择哪一条，从此决定你一生的道路呢？

在妈妈眼里，摆在前面的路是……

通过爱和工作创造幸福的神奇旅程

俄国著名作家托尔斯泰说过："只要一个人知道如何工作，

如何爱人，就可以拥有精彩的人生"。

多少人都希望可以天天拥有随心所欲的生活。然而生而为人的现实告诉我们，恰恰因为上天的恩赐，赋予众生以各式各样的能力、多姿多彩的天赋，赋予人们有机会使用它们为自己、为家人、为团队、为组织，乃至为在这个星球上生活的所有人们创造幸福，从而赋予自己的生命以新的意义和价值。

诺贝尔经济学奖获得者科斯（Ronald H. Coase）1937年在其著作《企业的性质》中首先提出："考虑到美国、英国和其他西方国家的大多数人都是受雇于企业的，大多数生产都发生在企业中，整个经济体系的效率在相当大的程度上都是依赖于这些经济分子中发生了什么。"

相对于正在遭受饥饿、战争、疾病、自然灾害、衰老、身体失能痛苦的人们而言，有机会创造、有能力跨入职业旅途，成为一位职场人士，既是一份责任，也是一份荣幸。工作可以构建与社会及他人的联结，工作可以创造财富，工作是对社会的贡献，工作有利于文明的进步。

职业旅程伴随着生命旅程，而且出现在生命旅程最富有精力、最富有活力的阶段。如何让这段职业旅程更加富有光彩、更加饱含意义，值得我们去静静地思考、认真地规划、勇敢地行动、耐心地积累。正如米开朗基罗为人们描绘了《创世纪》，达·芬奇为人们创造了《蒙娜丽莎》，贝多芬为人们创作了《英雄交响曲》，孔子开创了儒家思想，通过积极投身工作和建造，当你坦然地向身边每一个亲密的人，向每一个合作伙伴，向整个社会中的每一个人绽放出你生命能量的光芒，就能够书写出你职业更华彩的篇章，展现你所拥有的生命能量最广阔、最深远的意义。

充满各种机会和无限可能的神奇旅程

职业旅程是人生最重要的旅程之一。不同于过去师徒传承的手工业社会,现代工业社会中职业灵活度变得很大,年轻人享有越来越广阔的选择空间和自由。

如果想要更好地规划自己的职业旅途,就需要了解自己所在劳动市场是如何发展到现阶段的。在人力资源理论和实践中,习惯把人事管理称为HR1.0版、人力资源管理称为HR2.0版、人力资本管理称为HR3.0版。根据自己的职业经历,我将我国职业发展历史分为3个阶段:1.0阶段从1949年至1978年、2.0阶段从1978年至2018年、3.0阶段从2018年之后。每一个职业发展阶段中的经济变化类型、主要经济增长动力、人力资源变化等方面都各具其时代特征,如表1-1所示。

表1-1 职业发展历史阶段

	1.0阶段	2.0阶段	3.0阶段
时间	1949—1978	1978—2018	2018—
经济变化类别	计划经济	计划经济—商品经济—市场经济初期	构建特色经济制度体系
主要经济增长动力特征	国有经济和集体经济,"剪刀差",等等	商品贸易与加工制造;加入WTO,进出口快速增长;房地产与基础设施建设,等等	复杂国际贸易环境下的产业结构,新消费、科技创新、新金融;生态发展、社会福利保障体系建设;城镇化后半程房地产转型、城市集群,等等

续表

	1.0阶段	2.0阶段	3.0阶段
人力资源变化特征	严格户籍管理	农民进城带来的人口红利	教育升级，企业和地方政府对人才的激烈争夺

作为诞生于20世纪60年代末的人，幼年时所经历的经济类型以计划经济为主，物质基础较为贫乏，购买日用品还需要粮票、油票、布票，没有五险一金的社会保障，人们在行政区域间的流动按政府计划指令进行。随后的近30年职业生涯恰逢职业发展2.0版，随着改革开放的不断深入，人们的物质基础有了极大的提升和改善，中国从最初人均GDP不到100美元发展成为世界第二大经济体。如今可以感受到职业发展3.0阶段正在徐徐拉开大幕，数字经济开始影响着每一个人的工作与生活，时代进步和社会发展带来了更加自主的职业选择空间。

世界经济论坛创始人兼执行主席克劳斯·施瓦布（Klaus Schwab）在其著作《第四次工业革命》中提出，"第四次工业革命的发展速度之快、范围之广、程度之深，都迫使我们反思国家的发展方式、组织创造价值的方式以及人类自身的意义"。为了迎接第四次工业革命，"需要汇聚政界、商界和科技领域的最优秀人才开展精诚合作"。

新时代为年轻人提供了更加广阔同时也更加复杂的发展空间，相信当代年轻人完全有思想有力量为属于自己的时代赋予新的创造和新的影响。

需要承担选择责任的神奇旅程

生命是一段非常神奇的时光旅程，正如生活中丰富多彩的旅行一样，它也拥有起点。当然对此你别无选择，正如你无法选择你的父母、眼睛的颜色或是你的种族、出生地一样。可能每个人都有过这样的体会，幼年时期的学习几乎是社会和家长帮助做出选择。进入高等教育阶段，虽然年轻人可以拥有部分话语权，但是老师和家长仍然实质性承担了大部分选择的责任。

随着大学校园里快乐自由的时光转瞬即逝，从即将完成学业的时刻开始，"选择"这个命题似乎一下子摆在自己的面前。与选择高铁车次、飞机航班或者旅游路线不一样的地方在于，这份选择没有太多可供退票、改签的余地。

对于很多年轻人来说，这份选择似乎还有点"强迫性"和"被动性"：全社会似乎都在期待自己做些什么；父母年纪大了，自己经济上应该独立了；师长们拥有的名和利似乎很诱人……

面对众多条人生道路，大多数人即将踏上的是一条职业道路，我们称之为"职业旅程"。在这条道路上，我们是否期待自己的旅行体验与他人有所不一样？我们所有人内心深处是否都渴望某种更加美好的事物。为什么好像有些人找到了它？为什么我错过了它？如果变换一下选择，职业生涯和人生是否会有所不一样？如何承担起选择的后果？这些问题引发着人们更多的思考。

回顾我们这代人所经历的改革开放历史进程，可以深刻地感受到大自然与人类社会每一天都在发生着巨大的变化。正如人生旅程存在诸多不确定性一样，职业旅程中的人们同样需要时刻面对诸多不确定性。

发展的机会就存在这些不确定性之中，不确定性带来希望和无限可能的同时，也带来各种忧虑和担心。如何理解把握变化中的不确定，让每个人在属于自己的职业旅途中欣赏到最美的风景，尽可能感受最美好的体验而不是被生活挤压的困顿？

《大学》中说："古之欲明明德于天下者，先治其国；欲治其国者，先齐其家；欲齐其家者，先修其身；欲修其身者，先正其心；欲正其心者，先诚其意；欲诚其意者，先致其知。致知在格物……物格而后知至；知至而后意诚；意诚而后心正；心正而后身修；身修而后家齐；家齐而后国治；国治而后天下平。"这是儒家思想传统中知识分子尊崇的信条，以自我完善为基础。"正心、修身、齐家、治国、平天下"的人生理想与"穷则独善其身，达则兼济天下"的积极而达观的生活态度相互结合补充，可以帮助我们作出明智的选择。

我们的生命旅程充满各式各样的陷阱和试探，旅程中还会出现失望、痛苦和心碎。如果你渴望生命中出现一些与众不同和更美好的事物，如果你渴望通过职业可以收获名望、成功、荣誉和财富，需要我们坚持不断学习和不断"正心、修身"，允许我们的心念被真理和智慧塑造，否则我们会冒险陷入各种错误和危险的选择之中。

需要长久保持续航力量的神奇旅程

上天赐给我们的生命旅程并不是短程赛跑，而是一场"超级马拉松"。众所周知，百米短跑世界纪录在十秒以内，运动场上的短程赛跑只需要用很短时间就可以完成。马拉松与短程赛跑之间的差异不仅仅在于距离和时间，更重要还在于对参赛人员的精力和毅力的考验。正如马拉松选手那样，每一个走入职场的年轻人也将面对一个长时间的努力过程，并没有"便利快捷"的永恒幸福摆在面前。

面对需要毅力的职场旅程，我们要像马拉松选手那样，不仅要进行体能和装备上的充分准备，更要强化自己的精神力量，应对心理上的考验，还要根据赛程的进展不断调整，在同伴的鼓励下依靠自己去完成赛程。

放眼望去，眼前的道路是如此漫长辛苦，很多人都会想："我是否可以赚够了钱就中途退出？"有人看到未来的险阻忍不住地感到胆怯，就像寒冷的冬日里舍不得离开温暖的被窝一样，与其挽起袖子干活，他们宁愿沉浸在一夜暴富的幻想里："这时候要是可以中个彩票我的下半生就无忧了！"可人们是否想过，"一夜暴富"真的就可以等同于拥有"一劳永逸"的幸福吗？"一劳永逸"的事情真的存在吗？

经济学家理查德·塔勒尔提出了"赌场盈利效应"理论，就是我们花赢来的、偶然捡到的、继承得的钱要比花挣来的钱更加草率。因为"赌场盈利效应"将人们在投机赢利之后愿意接受的风险等级升高，所以中彩票的人在几年之后往往比赢得大奖之前更穷。

如果一个年轻人终究在职场上要达成他的人生目标的话，那么必须要与自律并肩而行。恰如一个人强烈地渴望成为最棒的网球选手，但是如果他不愿意花时间学习网球的基本技巧的话，那就永远都达不到目标。一个有抱负的网球选手必须遵守比赛纪律，强化肌肉，发展击球技巧，在灵活跑动上下功夫，同时还必须学习该项目的运动规则，给身体补充营养并加以锻炼，以保持良好的体能状态。

一个懒惰的运动员永远都不会成为成功的选手，无论他拥有多么高的天分。一个稍逊天赋的运动员可以成为赢家，如果他的毅力和自律超过那些比他更具有天分的竞争对手。美国著名篮球运动员科比有一句名言："谁见过洛杉矶凌晨四点的样子?"科比能够成为伟大的球员，伴随他的是毅力和自律，没有这两样，胜利永远都不会发生。职场之旅同样也是一条需要毅力和自律的旅程。

每一个人都希望拥有一条属于自己的成功之路，当下这一时刻是我们所拥有的最真实的时刻。如何让每一个真实拥有的时刻锻造成为夯实的基桩，让成功稳固在磐石之上，需要自己开动脑筋去构思和努力。摆在我们面前的路需要自己一步一步走出来，需要自己通过行动去充实、去创造。

第二章

从自我认知探索开始
——象与骑象人

我们的"心",是头放任的大象;
我们的"智",是具备掌控能力的骑象人。

——乔纳森·海特(Jonathan Haidt)

妈妈:还记得关于勤奋的格言吗?

孩子:我能够立刻想到的应该是这两句:"天才是1%的灵感,加上99%的汗水"和"勤能补拙""笨鸟先飞"吧。

妈妈:是呀,从学生时代我们就不停地被教导努力的重要性。持之以恒的努力固然是成功不可缺少的要素,但如果只是单方面地强调努力,会让人产生只需要努力就可以成功的错觉。可你有没有想过,每一个奥林匹克参赛选手其实都拥有夺冠的实力,这是他们在很长时间内忍受着枯燥的训练,通过极其严苛的运动和饮食锻炼出来的。然而这么多人都拥有过人的天赋,和对这项竞技无限的激情,并同样经过了长年累月的辛勤努力,为什么最后比赛中冠军却只有那一个人呢?

孩子:这种时候就看运气了?

妈妈：你说的这个"运气"的概念十分有趣。是的，除了努力，似乎还存在一些其他因素，也是决定胜负的重要条件。赛场中大到选手状态，裁判心情，小到观众发出的一个声音，都可能会直接影响参赛者的比赛结果。这些大大小小不由选手意志控制的外界因素组合在一起，我们姑且称之为"运气"。你是否有过感觉自己"真走运"或者"真倒霉"这样的心里体验呢？

孩子：这样的感受自然不陌生。如果下着瓢泼大雨，我站在街角被飞驰而过的汽车溅得满身污水，或者心仪的人告诉我只把我当作朋友，那当然会觉得自己并不幸运。但如果工作方案被老板采纳，公园里的孩子没来由地冲着我笑，或是喝饮料刮开再来一瓶的奖励，就会觉得自己运气正旺。

妈妈：对于什么是运气，每个人有自己的答案。经过观察，我认为所谓"运气"其实来自人的内在！

如果我们可以从太空看着地球，就会发现你是一个非常幸运的人。因为此刻你和你所爱的人、满街擦肩而过的路人，甚至全人类的存在，都是极大的幸运。宇宙中，地球的存在本就是个奇迹。而在这奇迹般出现的地球曾孕育过的可能多达 500 亿种物种里，只有一种物种发展出了文明。由于气候原因，曾经郁郁葱葱的非洲森林在寒冷中变得贫瘠，我们遥远的祖先无法像过去一样在丛林间安逸地生活，被迫移居到危险的平地上，被迫直立行走。从此，手不再被困于行走，而可以被用来创造工具和武器。

孩子：天哪，这中间任何一个小环节改变的话可能都没有现代人类的出现，没有几千年的人类文明历史，更没有我们此刻的对话了！

妈妈：正像美国古生物学家史蒂芬·杰伊·古尔德说的，

"人类的进化是极不可能的。如果我们像马蒂·麦弗莱在电影'回到未来'那样,回到过去并在寒武纪时期访问伯吉斯页岩,然后重播历史,极有可能我们人类根本不会存在。我们只不过是千百万种可能性中的一种罢了"。

承认人类存在的概率之小,承认自己拥有的这种巨大的幸运,在让人感动的同时也是让人沮丧的。因为这等同于承认了自己在宇宙的宏伟舞台里的脆弱和微不足道,等同于承认自己并不是世界的中心,并不是宇宙的意义,而只是历史和概率的自然产物。

正如美国纪录片《宇宙时空之旅》里所说,"我们在装模作样,我们自以为很重要,妄想着我们人类地位特殊,在宇宙中与众不同,这一切,都因这泛着苍白蓝光的小点而动摇。我们的星球,不过是一粒孤独的微尘,笼罩在伟大的宇宙黑暗之中"。

孩子:虽然乍一听有些难受,但转念一想,意识到自己的局限性也可以带来前所未有的放松。毕竟自己对于很多外部环境和事情的走向是没有控制力的,那对于许多结果也就不会苛求,可以平静地面对了。

妈妈:人们常说"谋事在人,成事在天"。我想和你说的不单单是人对于外界环境控制的局限性,其实我们连对于自身的控制都十分有限。美国现代思想家乔纳森·海特在其著作《象与骑象人》中,将人身上的两种力量进行了形象的比喻。不同于很多人的认知,乔纳森·海特把人内心不理智的一半比作一头桀骜不驯的大象,把理智的那一半比作骑象人。

在平日和平共处时,骑象人或许还可以狂妄地认为自己对于象有着绝对的操控权。当象受到惊吓不顾一切地横冲直撞时,骑象人才懂得自己能做的只是小心翼翼地陪伴、观察，认识到自己控制力的局限性。

孩子：这种现象我其实也有所体会。当情绪十分郁闷的时刻，无论理智如何地压制和反对，自己还是无法停止地吃很多炸鸡和薯片来宣泄。

妈妈：这样类似的象与骑象人的争执还有很多。既然这两种内在力量真实地存在于每个人身上，那就没有必要刻意压抑，要知道到自己心里那孱弱的骑象人没有能力去压抑这庞然大物。去了解并接纳这两种力量的存在，可以帮助我们同时使用它们给自己的职业旅途助力。

事实上，刚结束学业踏上职业旅途的你们，正面临人生一个奇妙的转折点。像学骑脚踏车的孩子一样，你看着父母演示了无数次骑车的动作要领，也在小区花园里一圈圈地练习。你受够了理论，你觉得自己已经准备好了，跃跃欲试地想要摆脱辅助开始征程。但当身后的父母真正放开了扶在座垫上的手时，马路上纷乱的交通和复杂的路况却让你惶恐和害怕。

在职场中你第一次认识到人际关系的复杂，每天接触的除了公司内部的同事和老板，还有外部业务合作方、客户和无数摸不到看不见的社会利益相关者。很有可能这其中的一部分人，通过语言以及他们的行为模式，会把你从儿时起所接受的来自父母和社会灌输的不可违逆的信念打破。

孩子：确实，进入社会以后看到的很多人和他们的行为模式不断地"刷新着我的三观"，有时让人手足无措。

妈妈：世界上的路细密交错，并不只有你走的那一条。大千社会五彩缤纷，并不只是非黑即白，人更不像戏剧脸谱似的非好即坏。如果你熟悉的人际交往模式是地面上繁盛的大树枝叶的话，人性的复杂就像是土地下衍生出的更加庞大的根系世界。这种复杂是客观存在的，在你看不见的地方纵横交错自成体系。它不在乎你如何用过往的认知和家长的教导来诠释，它甚至不受限制于道德的标签和权威的强势。

孩子：回想刚开始工作的那段时间，面对无法被自己已有价值体系解释的人际关系，着实让我感到巨大的紧张。在这样陌生有压力的情境里，我不禁压抑自己的情绪，不要显出自己的慌乱，想在他人察觉之前自己找办法解决。

妈妈：这是很多人都会有的自然反应。特别是刚入职的年轻人，因为经验尚浅，更会怕别人觉得自己精神脆弱、处事不周。越来越多的心理学研究发现，对于无法控制的陌生环境引起的情绪变化，单方面地压抑反而会引发种种心理问题。大部分情况下，原本并不复杂的问题，由于压抑的过程中与个体在成长过程中遗留的心结交织在一起而变得格外复杂。有时，通过细致地分析和审视，你能拨开事情的表象，发现自己对于这个特定情境下的反应其实来源于看似毫不相关的另一个问题，而当下的反应只不过那个问题通过某个特定的模式触发了出来，所以你需要去解决的是其中根本的问题。

孩子：那我面对这种压力的时候到底应该如何处理自己的情绪呢？

妈妈：这个时候，无论发生了什么，给你带来了什么情绪，首先你需要学会接受。澳大利亚社会学专家奥南朵告诉我们，要对生命说是、对父母说是、对自己的身体说是、对发生的情绪说是。这是帮助自己接受大自然的馈赠，接受自己所拥有的力量的最直接有效的方法。

孩子：即使负面情绪也是如此吗？难道负面情绪不是需要摒弃的吗？

妈妈：无论是痛苦受伤，还是嫉妒愤怒，都不是让人舒适的。但情绪出现的时候，压抑并不是解决的方法。你需要明白，无论是让你觉得熟悉、安全的，还是未知、恐惧的内在力量，都是一份礼物。地球上的人口有五十多亿，每个人生活环境和成长环境不一样，并没有一种具体的处理情绪的方法适用于所有人。只有依靠自己努力寻找适合自己处理情绪的方法，帮助自己迈向内心向往的道路。

如果无法立刻接受自己，也不需要过分紧张，毕竟与自己的复杂性和解是世界各国文化亘古以来探索的命题。以农业社会结构为根基的儒家强调宗亲和血缘的制约力量，人之初，性本善，性相近，习相远——先天的善意要配合良好的后天习惯的培养和制约，否则就会变质走形。而基督教则认为人生来带有原罪，需要在上帝面前坦然承认自己的罪过并加以弥补。

无论是什么文化和宗教，都教我们认识到人的复杂性，并引导我们学会接受它的存在。我们的教育系统培养了我们理性的思考和客观的思辨，这是我们熟悉并信赖的骑象人。可同时不要忘记了自然的欲望、冲动和种种其他感觉也是我们本来就拥有的象。

正如世界上没有一片雪花是相同的，世界上也没有一只象是相同的，所以骑象人可以通过和学习驾驭象的技巧。可以通过职业旅途和人生旅途探寻和发现自己内在的力量是什么。

第三章

拨开迷雾的罗盘

谁要游戏人生,他就一事无成;谁不能主宰自己,永远是一个奴隶。

——歌德

妈妈:正如哥伦布发现新大陆一样,要有发现首先需要开始寻找。然而启航之后所面对的未来之路就像大海上无处不在的团团迷雾,常常让我们看不清前进的方向。

孩子:回想当时找工作的经历实在是酸甜苦辣都尝遍了。一方面需要适应大学的校园生活,应付学业上的种种考试要求,让人手忙脚乱;另一方面突然发现还要花精力面对一大堆非常现实的问题:如何找到第一份实习工作?如何确定自己的职业方向?如何高效地准备面试?求职的时候需要注意什么?既然找工作这么麻烦,是不是应该继续读研究生、读博士?各种问题接踵而至,让人心烦意乱。

妈妈:我还记得你在找工作那段时间压力大到睡不着觉。

孩子:这些技术层面的准备都还是其次,我观察到自己周围每一个面临着最初就业选择的同学,他们在找工作的过程中都不得不陷入纠结。来自社会、原生家庭、同龄人的期待和影响，迫使我们要选择一份被社会公认为高收入、体面的职业。你知道的，就是能让父母在七大姑八大姨面前说出去有面子的工作。

妈妈：非常理解。

孩子：更可怕的问题是，对工作的选择似乎不知不觉之中逼迫自己对人生进行一次新的评估。面对着从出生那一天到往后的每一天都在相处和认识的自己的内心，面对着它的喜好、憎恶和强势弱项，我想要选择一份让自己满意快乐的职业。当然，对收入的需要助推着自己必须快速做出决定。

妈妈：是的。俗话说，"当你不知道想要什么时，你什么也看不见"。

孩子：在面临着这份时间紧迫的决定时，我周围很多人选择了直接跟随前辈和他人的脚步或者经验。在就业季节出现的各种展销式招聘活动中，到处广撒简历，准备面试，拿到Offer，选择Offer，就业，然后不停地问自己是否做了最明确的选择……

妈妈：要知道，这种仓促的决定看似简单便捷，实则是把给自己、家人和社会最大程度创造幸福的选择权拱手相让。

孩子：更不用说这些问题，解决了一项，又跳出来三项。比如之前我暑期顺利地实习完了，到底继续应聘这个工作，还是继续找寻？如果不被接受，又该找什么样的工作机会？如何面对这些仿佛永远解决不完的问题呢？

妈妈：这也是我一直在思考的问题。作为家长深深体会到培养一个孩子长大非常不容易，老师们投入了大量的心血，全社会在这个过程中也投入了大量的资源。如果无法帮助年轻人充分发挥能力和施展才华，让父母、老师们和全社会的辛勤投入白白浪费掉就实在太可惜了。

孩子：确实，而且每一个人遇到的问题也会根据各自不同的成长背景和人生追求有所不同。我就常常觉得，每次参加学校组织的找工作培训时，现场各位老师回答的问题仿佛会对一部分同学很有用，而对其他同学而言就是浪费时间。就好像虽然同在迷雾之中，由于每个人要去的方向，航行的目的和乘坐的船只都不一样，所以那些针对大部分人，或者以目前社会认定的成功职业为目标而努力的方法，并不适用于所有人。

妈妈：是的，由于工作承载了一个人生活的方方面面，有关工作的问题随着时间和经历的迭新也会层出不穷，甚至可能十几年后最适合你的职业发展是在当下根本不存在的行业里或者企业里。与其去追逐解决每一个跳出来的问题而失去了头绪，不如暂时抛开这些具体的问题，转而先去了解一些与工作或者职业有关的基础原则和工具。

孩子：我们需要的工具和准则最好是普适的，以后无论未来具体的问题是什么，都可以利用它们，从而根据自己的兴趣和能力、目标行业发展前景、目标公司实际运营情况达到自己想要的成功。

妈妈：根据我近三十年的职场观察和攻读在职博士期间围绕企业成长开展的研究，我总结了下面这些工具，我更愿意称之为"罗盘"，希望可以帮助你们在职场巡航的重重迷雾之中辨别自己的方位，从而确立航行的方向。

面包与爱情哪个更重要？——自我需求供给均衡关系罗盘

孩子：我有一个同学 Alex，在大学里一直接受的是金融专业学习，对其中的投资管理和投行工作最有兴趣，但得到的工作机会是会计，Alex 应该如何选择？更复杂的情况是，Alex 一直接受的金融专业学习，但那是源于家庭的期望。一直以来，Alex 对于音乐也有着梦想，一直利用闲暇时光学习音乐，那么 Alex 应该继续会计职业，把音乐当业余兴趣，还是应该尝试从事与音乐有关的职业？

妈妈：这个问题貌似简单，似乎与选择行业有关，但是隐藏的细节十分复杂，需要认真分析和鉴别。比如，Alex 在音乐和金融的专业能力、潜力和天赋分别如何？金融行业目前看似稳定且收入高，音乐行业目前看似高风险，又怎么解释有些金融岗位正被人工智能替代，而商业模式创新正使某些音乐细分领域中业务发展蒸蒸日上？这些选项彼此是否完全互相排斥的吗？是否有叠加的可能？这些问题不过是冰山一角罢了。正如企业与企业之间存在竞争关系，"脱颖而出"一词的背后还隐含了人才市场的竞争现实。

孩子：有什么方法可以帮到 Alex 吗？

妈妈：让我们先从分析我们对于每一个职业机会所投射的自我需求开始，理解一份职业可以为自己所能提供的最大价值，从而锁定对职业的定位和期待。简单来说，就是帮助你在面包和爱情中权衡。

就像前面所说，新生代年轻人对于一份职业，已经不再像上辈人那样只考虑解决生存问题，而是希望可以兼顾多维度需求的满足。既想得到财富方面的满足，还希望实现兴趣爱好方面的满足，面包与爱情兼顾常常成为年轻人在选择职业最想解决的问题。所以第一个罗盘我称之为"自我需求供给均衡关系罗盘"。

孩子：说到需求，自然而然想到心理学课程里的"马斯洛需求理论"。

妈妈：自我需求供给均衡关系罗盘正是借鉴了马斯洛需求理论，如图3-1所示。这里自我需求的概念实际是一组要素的综合集成，包含了生存、安全、爱与归属、尊重和自我实现五项自我需求要素。这里自我供给的概念实际也是一组要素的综合集成，包含了愿力、胜任力和风险偏好三项"自我供给"要素。其中愿力源于人们的内心愿意采取某个行为的程度；胜任力包括个人知识、技能和体能状态；风险偏好指的是个人对职业环境不确定性的承受度，源于个人成长环境和对外界认知。

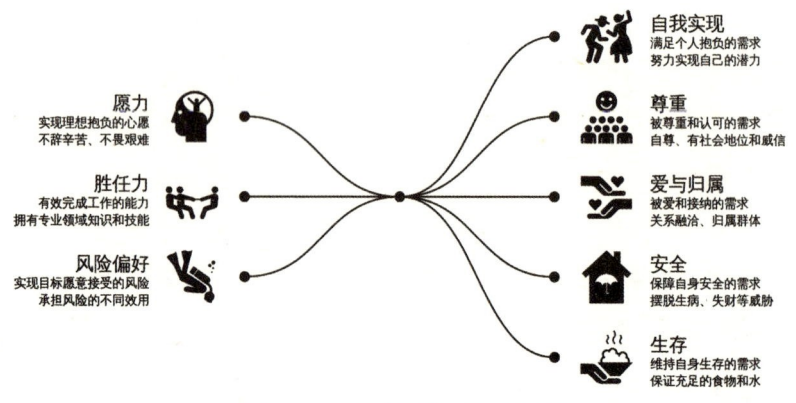

愿力
实现理想抱负的心愿
不辞辛苦、不畏艰难

胜任力
有效完成工作的能力
拥有专业领域知识和技能

风险偏好
实现目标愿意接受的风险
承担风险的不同效用

自我实现
满足个人抱负的需求
努力实现自己的潜力

尊重
被尊重和认可的需求
自尊、有社会地位和威信

爱与归属
被爱和接纳的需求
关系融洽、归属群体

安全
保障自身安全的需求
摆脱生病、失财等威胁

生存
维持自身生存的需求
保证充足的食物和水

图3-1　自我需求供给均衡关系

在面对可供选择的选项时，我们的决策会在不知不觉之中受到隐藏着的内在变量的影响。大家可以通过分析每一项自我需求要素和每一项供给要素，判断自己的综合需求和综合供给的状态，从而判断适合自己的职业的特征。我观察到，能够最大程度平衡自我需求和自我供给的选项往往是应聘者最终做出的选择。

孩子：记得香港实业家李嘉诚为汕头大学毕业生演讲时这样描述舞蹈者的愿力：舞蹈者每天面对镜子，并非顾影自怜，而是不怕疲惫、不怕痛苦，一而再，再而三，修正追求举重若轻的完美，技巧内化自我之中……舞蹈家以个性魅力触动群众，凝住一瞬永恒，艺术映照人生，启迪感召每一个人逾越艰难、超越局限，追求更高的水平，开拓无限的可能。

妈妈：这里的愿力正是从中而来。我认为愿力是应聘者所拥有的最特别的无形资源。

经济学理论中对于"合乎理性的人"的假设通常简称为"理性人"或者"经济人"，其所具有的基本特征就是每一个从事经济活动的人所采取的经济行为都是力图以自己的最小经济代价去获得自己的最大经济利益。我认为求职者通过找工作，也是在努力合理利用所拥有的资源为自己取得最大效益，以满足个人的多层次需求。

孩子：想起曾经在新闻上看到了欧洲发生了难民潮，让我体会到，众多难民当中即使有医生、律师和大学教授等专业职业能力的人，当基础温饱和社会治安难以保证，基础需求都无法被满足的时候，他们就很难得到在专业领域中被尊重这样的深层需求的满足。

妈妈：自我需求供给均衡状态并不是静止的。当你的生活安定之后，内心对于风险承受能力也会扩大；当你的经历丰富之后，内心的愿力也会发生变化，会从满足小我到发愿帮助大众。一旦愿力提升，对生存、安全、爱与归属以及尊重和自我实现的内在需求都将不同程度地发生变化，直至达到新的平衡点。同样，当风险承受力提升，对生存、安全以及爱与归属的需求也将发生变化，直至达到新的平衡点。在整个职业发展进程中，自我需求与自我供给系列变量都将随着环境的变化而变化，从而推动着自我需求与自我供给走向新的均衡。

孩子：经济学中时间也是一种变量。甚至每个人早上起床与晚上休息时的供给需求状态都不一样。例如早上起床时下定决心准备开始跑步锻炼，等晚上疲惫的时候，锻炼的愿力可能已经消失了。

现在回顾我实习前后的想法，其实是完全不一样的。人们的心境、经历、情绪不同时，在使用同一个自我需求供给时结论都会不一样。甚至谈恋爱前后用这个罗盘结论都不一样。在实习过程中，当你随着对岗位胜任力的提升，内心对于被尊重和自我实现的愿望也会日益增强。

妈妈：时间的确是一个相当有魔力的控制变量。现实生活中，每个人都有着独特的个性，自我需求与自我供给也不一样，所以需要利用这个罗盘开展连续性评估，记录一段时间之后，看看前后结论是否是稳定和一致的。

孩子：曾经与同学聊天，他提到看别人获得成功都那么轻松，而自己按照同样路径去做效果却不尽相同。在数学模型中，输入同样的变量数据经过运算就会输出同一个计算结果，但现实工作和生活中就没有这么简单，并不是把能够发现的成功行为变量"输入"之后就能够"输出"同样的成功的结果。

妈妈：对于职业和兴趣的选择背后无法回避的实质是对自我的不断探索。德国哲学家叔本华在其著作《人生智慧箴言》中定义了人的三个基本属性："人之所是：最广义的人格，泛指健康、体力、美貌、性情、道德品格、心智及其培育。人之所有：即各种意义的财富与财物。人的形象：别人对他的看法，细分为名誉、品阶与名声。"相信绝大多数人都希望能够同时拥有所有这一切。

讲到这里我们可以来看看 Alex 的问题。首先是分析自己对一份职业可能投射的需求，这是起点。然后有针对性地去了解感兴趣的行业的实际运行特点，把个人与未来的工作放在一起进行评估。需要注意的是，同一个行业里的细分行业，甚至同一家公司内部的不同部门，同一部门的不同小组都可能存在不同的运行模式。所以在评估过程中，最好把自己的需求与特定岗位和机会匹配，这样评估出来的目标可能会更精准一些。

其次，现代经济社会中，专业化分工越来越细，经过专业学习和非专业学习的人才可以贡献的绩效是完全不一样的。每一个年轻人都想要成功，都必须正视一个现实情况：成功是要在人才竞争之中占据优势地位，由一步一步的高产出积累出来的。要将个人的兴趣与专业，放入职业场景之中进行分析：到底哪一项是优势？哪一项可以产出更高绩效？

关于行业、细分行业乃至企业等前景的判断，接下来将通过 MGP 细分行业罗盘和 LEG 企业筛查罗盘去分析。

孩子：看来 Alex 的问题没有简单答案，确实需要进一步全面分析一下。

男女都怕入错行——MGP 细分行业罗盘

孩子： 记得妈妈提到过，你的职业发展与整个改革开放进程中金融行业、医药行业在不同时期的快速发展和扩张是密切相关的。有的人可能在同样的起点，能力和愿力也很强，但不幸选择了衰退或者萎缩的行业，结果就一直郁郁不得志。现在的资讯非常发达，现代教育体系中的年轻人越来越关注行业变化。我们更想知道可以通过什么细节用来判断行业的未来发展，从而帮助自己的职业跟着行业的发展而水涨船高。

妈妈： 在职场上的确存在这样一个基本现实，就是工作岗位机会蕴含在产业发展趋势中。产业有发展，才能够提供更多的工作岗位并保障职业晋升机会。正如当下许多证券公司招聘航空航天专业、无人驾驶汽车专业、生命科学专业的年轻人一样，我有机会进入银行工作时，正值 1995 年《商业银行法》首次颁布，股份制商业银行纷纷成立，业务的迅速扩张为各类专业技术人员进入金融业工作创造了新的机会。

再例如美国医药研究和制造商协会（PhRMA）发布了美国 2016 年度医药工业研究报告，该报告披露：协会成员企业的研发强度平均达到 18%，是美国所有工业产业中研发投入最高的。该协会成员企业 2015 年的研发投入总额达到 588 亿美元。协会成员企业在研发药物达到 7 000 多种，集中分布在抗癌药、精神系统药物、抗感染药物和免疫学药物领域，约有 450 个罕见病在研发药物。2000 年以来该协会成员企业共获得 FDA 审批的药物超过 550 种。仿制药占美国全部处方量的 91%。研发成果和生产的产品更是让 HIV/AIDS 死亡率下降了 87%，1990 年以来的癌症死亡率下降 23%。

孩子：这些文字和数据与我们谈论的找工作及职业发展有什么关系呢？

妈妈：表面上看这些文字和数据仅仅是常规性总结报告，但这份报告也指出："有了常年巨大的研发资金投入，协会对社会产生了巨大的贡献：不仅在投入研发期间就直接创造了超过 85 万个工作岗位，连同间接就业超过 440 万人。"对于寻找工作的人们，重要就业信息常常就隐藏在这些行业报告之中。

孩子：所以从投入研发资金和产出成果等细节就可以用来判断行业未来发展？

妈妈：这仅仅是一个方面。对于行业及细分行业，我定义了 MGP 细分行业罗盘来帮助进行分析。MGP 是"Market Guidance Potential"的简写，其中"Market"代表市场，"Guidance"代表产业引导，"Potential"代表产业和细分行业的趋势和机会。如图 3-2 如示。

图 3-2 MGP 细分行业

关于 M：市场

孩子：在商业世界和经济理论体系里，对于市场规律的研究已长达数百年，产生了大量的理论和实践成果。除了最常提及的利润、营业收入、规模、技术创新的概念之外，竞争体制、企业创新、技术进步、自由贸易、保护政策、财政金融与货币管理，以及土地、财税、产品的价格、促销活动、财政补贴等都影响着企业在市场中的表现。

妈妈：是的。按照经济学研究结论，市场是检验企业经营效率的大战场。总的来说，效率高、产品好的企业将在市场竞争中生存下来，而效率差的企业将在市场竞争中败下阵来。有句老话：市场如战场，岗位机会一定属于在市场竞争中胜出的企业。这些企业所属的细分行业也成为市场竞争中有生命力的细分行业。

我在校招过程中发现，现在越来越多高校组织在校学生开展证券相关知识竞赛，因此年轻人对于资本金融市场的概念并不陌生。

孩子：原来在资本市场日益发展的当今，我们还可以学习借助对市场敏感度最高的广大投资者的判断和行业专家的分析来获取行业和细分行业的市场现状信息。

妈妈：是的。通过自己的研究我还体会到，在现代经济市场环境下，各国政府对于金融市场的监管是本着透明、规范两大基本原则的。

由于需要透明，信息充分披露往往是作为各国政府对金融市场严格监管的手段之一。年轻人可以越来越充分地通过公开信息了解企业经营状况。

由于需要规范，企业运营行为往往被更多的法律法规和资本市场严苛的监管条件所约束。相对于市场上许多其他企业，能够走上金融市场的企业往往是经营更加规范，同时也是公司治理相对完善企业群体。

围绕这些企业以及企业所属产业和细分行业开展分析，相对可以更加直接地了解市场现状。例如中国证监会网站定期公布行业的划分，Wind、Bloomberg、东方财富、汤森路透等各专业机构也可以提供相关信息。

此外大量上市公司所在的上海证券交易所、深圳证券交易所、美国纽约证券交易所、纳斯达克证券交易所以及香港交易所、德国的德意志交易所集团、英国的伦敦证券交易所等的官方网站中可以查阅到不同国家的市场行业分类信息。

关于G：产业引导

孩子：记得德鲁克提出，研究未来，首先要分析人口变化趋势。

妈妈：联合国发布的《世界人口展望》2017年修订版报告，对未来世界人口发展趋势进行了分析和展望。根据这一报告，世界人口数量自2005年以来增加了10亿，已达76亿，预计2030年将达86亿，2050年将达到98亿，2100年将达到112亿。你们年轻人面对的将是一个更加广阔的世界。

孩子：这么多人口，就衣食住行方面需求而言就会让人联想许多。只要有人口的增长，消费永远是存在的。不仅如此，我们还亲身感受到消费结构、消费内容、消费层、消费质量升级在向新消费迭代进化，当下一个"双十一"促销活动呈现出来的消费金额就让人感到非常震撼。

妈妈：从宏观角度看，产业的发展历来成为各国政府和国际性组织共同关心的核心内容，就业、物价、环境成为许多国家各届政府接受民众考核的首要工作目标。既然产业的存在和细分行业的发展是工作岗位赖以存在的土壤，产业繁荣的经济领域也是岗位机会最多的领域，产业凋零的经济领域也是工作岗位逐渐消亡的领域。所以各国政府均以不同形式确立阶段性的产业引导政策，包括国际贸易、税收、土地、补贴等各种经济性方法。

另外产业引导方面信息的采集，还需要我们向企业家们学习。香港著名实业家李嘉诚每天安排专门人员收集各国财经新闻报告，从中捕捉产业引导信息。所以，关注新闻报道是一个有效的了解政府产业引导行为的信息渠道。

关于 P：趋势与机会

孩子：虽然我们有条件掌握更多信息，但毕竟不是专业研究趋势与机会的。我们还有自己的专业需要研究，只想便捷地找到与自己找工作有关的趋势和机会，有什么好办法吗？

妈妈：面对浩瀚市场经济浪潮，仅仅靠自己或者家长，信息都十分有限。这里我们秉承"专业的人做专业的事"的原则，学习借助"聪明的专业人"的工作。对于"细分行业的趋势与机会"的分析是许多市场分析专业机构和群体的本职工作，他们在其中投入了大量的人力物力，这也是一个竞争性市场。可以参考以下渠道：

专业财经类信息渠道。财经类信息的核心就是围绕行业和企业展开报道与分析。前面我们提到的各证券交易所、Wind，以及东方财富、Bloomberg 等专业财经机构的网站里包含着大量细分行业的分析信息。行业报告在前面提到的各大交易所、行业监管机构的官网上较为容易查到。

会计师事务所、律师事务所、审计事务所、税务事务所等机构的信息分析。"春江水暖鸭先知",这些中介机构介入的是全社会各行业的业务,企业和细分行业所发生的业务演变和推进。往往是这些中介机构先感知到。这些中介机构的业务介入的产业领域和细分行业领域在哪里发展,哪里的就业机会就会更多。

人力资源专业机构的薪酬数据报告。行业的机会和趋势发展最终会通过人力资源市场上人员的流动方向和薪资水平反映出来,对于具体企业来说,运营商业模式的调整首先是从相关业务人员的储备和引进开始行动起来的,需求领域和专业就是就职趋势和机会所在的地方。

除了上述信息渠道之外,还可以有以下获取渠道:

1. 行业交流网站或者论坛的热门帖子。

2. 业内企业的培训课件。

3. 参加行业展会或者论坛。我的博士论文就是在参加了近百场讲座之后从中获得启发完成的,所以我推荐这个方式。

4. 与从业者的私下交流。

当然,所有信息都离不开自己的甄别和筛选。

孩子:现在网上资讯非常发达,获取方式也很便捷,但你提到的这些,我的确没有想到将它们与"找工作"这件事关联起来。

妈妈:需要注意的是,行业的细分是根据市场和经济发展实际情况定期进行动态调整的。下表就是根据公开信息整理的一些细分行业示例,你会发现其实每一个细分行业都存在着工作岗位的机会。详见表3-1。

表 3-1 细分行业分类示例

行业	食品饮料	文化娱乐	服装纺织	医疗健康	房地产
细分行业	软饮料	电影与娱乐	纺织品	制药	住宅建筑
	啤酒酿造	出版	鞋类	药品零售	建筑材料
	酿酒与葡萄酒酿造	有线和卫星电视	服装服饰与奢侈品	医疗保健技术	建筑机械与重型卡车
	食品分销	家庭娱乐软件	服装零售	医疗保健设备	建筑产品
	包装食品与肉类	酒店、度假村与豪华邮轮		医疗保健用品	建筑与工程
	食品零售	休闲设施		保健护理服务	房地产开发
		休闲用品		保健护理机构	房地产服务
				保健护理产品经销	房地产经营
					多样化房地产活动
分类合计	6	7	4	8	9

孩子：前文所说的借助薪酬数据来预测行业发展的机会这个我很感兴趣，从哪里可以找到这些资讯呢？

妈妈：后面第四章将专门讲到薪酬。薪酬是人力资源市场上那只"无形的手"，推动人们向薪酬快速增长的行业、企业或者工作岗位去流动。整体薪酬水平提升的行业，人才跳槽及涨薪的幅度也越大。行业发展趋稳的行业，薪酬维持常规增长。行业发展趋缓及面临转型过程之中的,薪酬增长保守。

比如科锐国际是国内一家专业从事人力资源业务的上市公司。该公司每年定期推出相关薪酬调查数据。市场上还有许多人力资源专业咨询公司,例如韬睿慧悦,也会定期开展薪酬数据调研工作,形成相关的薪酬报告。根据《科锐国际 2017 薪酬指南》,我们可以从市场的薪酬信息之中一窥工作岗位存在的趋势和机会。在高科技领域,人才需求的关键职位包括云计算架构师、云计算解决方案 GLOBAL 市场销售总监、云计算 GLOBAL 市场首席咨询师、首席视频产品管理/解决方案规划师,漏洞挖掘研究员、渗透测试专家、云安全专家、自然语言处理专家等在 2017 年人力资源市场的年薪可以达到 130 万。

孩子: 原来学计算机专业的同学的薪酬前景一片大好哟。

妈妈: 2018 年 8 月我参加了中国(南京)国际软件产品和信息服务交易博览会。从现场你可以感受到一个数字世界的蓬勃发展活力。当你在企业的展台停留一下与工作人员聊一聊,就会发现信息与通信技术细分行业发展空间广阔,人才缺口集中在:云计算、大数据、视频、物联网、运营商数字转型等领域。人才来源往往是传统科技公司与互联网公司。

这些领域的专业技术人员找工作和职业发展相对机会就会更多一些。当然,是否能够真正获得某个高薪工作岗位,还需要看到本书中后面章节所提到的绩效贡献相关内容。

孩子: 传统工业行业肯定没人去了,更不要说那些面临衰退的细分行业了。

妈妈: 如果停留在笼统的概念层面,则很难做出精准的判断,对于传统工业行业需要具体问题具体分析。

虽然传统机械制造行业面对全球市场需求放缓，同时受到金融政策、项目开工和市场饱和度等多重因素影响，整体进入低速增长的新常态。但是传统以制造能力见长的各行业龙头企业正在积极引入智能概念，开辟新市场。"智能制造"正成为一大批机械制造业企业发展的新方向。市场上需要大量对信息技术与制造装备整合的集成创新和工程应用人才、创新技术投资与海外并购人才，如系统控制专家、工业大数据专家、工业机器人研发工程师、海外并购专家。这些领域的人力资源市场中给出的薪酬水平也比较高。

孩子：原来传统行业中也蕴含着新机会。那农业呢？

妈妈：农业也开始出现大量新的工作机会。中国是传统的农业大国。农业作为第一产业，在国民经济发展中占有不可替代的重要战略地位。在互联网因素所带来的一系列经济变化中，农业同样发生着改变。在上面提到的博览会上就可以看到农业田间管理的智能化设备正在投入应用，其对土壤、水的精准控制远远超出我们这代人对农业生产的传统印象。同时农业产业化运作也在发生变化，并购不断、创新不断。生态效益和经济效益兼顾的有机农业成为新农业增长点。绿色农药、化肥、生态种植、生态循环领域发展迅猛，这些细分领域里从业人员的薪酬呈现上涨趋势。

孩子：怪不得我们有一个学长学的是动物学，聊天时讲到他们找工作很容易。

妈妈：农业里还有其他细分领域。例如作物科学。整体受到政策、互联网影响较大，并购扩大。我去过以色列旅游，亲身感受到他们在地理环境恶劣的地方对水的利用达到的非常精细的状态。近几年以色列对中国的农业投入也在明显加大，行业资源的集中度加剧，农药、肥料领域在并购中不断革新商业模式。随着人们对生态环境保护和食品安全的重视提升，该领域也会迎来更多发展契机。人才缺口集中在高级营销和运营管理人才，战略管理、作物管理人才。人才来源仍以行业领军企业在细分领域内流动为主。只要有人才缺口的领域，相关的人才就更容易找到工作机会和职业发展机会。

孩子：就像没有一劳永逸的幸福一样，也没有一成不变的细分行业。还是需要我们勤于观察和分析，才能不怕入错行。

大浪淘沙、去伪存真——LEG 企业筛查罗盘

孩子：我们在学校很难了解到全部企业信息，只知道媒体上报道过的企业，或者有师兄师姐工作过的企业。根据香港中文大学经济系学者宋铮教授的最新研究：中国经济过去 40 年实现了成功增长，现在正式注册 1 700 多万家企业中，95% 是私营企业。宋铮教授称之为中国特色的特惠经济制度，可见企业的数量之多犹如满天繁星。

妈妈：现代工业经济广泛存在一种理念，就是企业是国家经济繁荣的基础。"若干个企业的竞争力总和就代表国家竞争力。"产业必须发展，才能承载社会与政府的需要，才能创造公众的福祉。不过面对如此庞大的企业数据，可见年轻人在找工作时遇到的难度巨大。

孩子：我们的同学小刘目前就职于一家刚创业的公司里。在这个创业公司里，小刘可以拿到股份，自己工作的内容跨度较大，非常锻炼能力，职位晋升得非常快，但很多操作不规范，也

没有得到最正规的训练。小刘观察到自己在大公司的朋友有好的平台和培训机会，但同时被替换的可能性也很大，工作内容也仅限于自己职责范围内。对于小刘这样的年轻人，应该如何判断自己更适合什么大小的企业？

妈妈：彼得·德鲁克曾经提过同样的问题："做大组织中的小人物还是小组织中的大人物？"在分析小刘的问题之前，让我们先像身体体检一样，对企业的基本情况进行一下筛查，去伪存真之后再去帮助小刘分析一下是去大企业还是小企业。所以这里我提出 LEG 企业筛查罗盘，其中 L 代表合法性筛查（Legitimacy of establishment of enterprises），E 代表有效产品与服务筛查（Effective product & service），G 代表成长性筛查（Growth）。如图 3-3 所示。

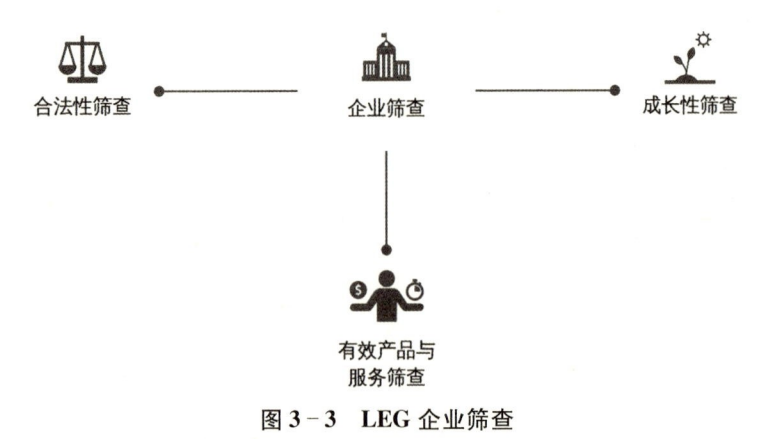

图 3-3 LEG 企业筛查

关于 L：合法性筛查

孩子：上学时学过关于美国安然公司的案例。2001 年安然公司发生倒闭之前，已经是具有世界范围影响力的著名企业，规模巨大，业务范围遍布全球，员工总数上万。由于公司运营中存在财务欺诈，被监管部门发现之后面对各类诉讼和处罚，最后公司不得不宣布倒闭。

妈妈：不仅仅是财务欺诈会使一个大企业倒闭，给身在其中的劳动者带来巨大的失业影响。还有许多企业从事的是法律法规不允许的业务，尤其需要年轻人在找工作时睁大眼睛，提高警惕。

孩子：我们同学中不少人会通过"天眼查""企查查"等网络平台了解所投简历的公司信息。

妈妈：懂得使用这些平台的都是非常有头脑的年轻人，非常有必要重点了解一下公司经营方面的信息内容，比如公司是否还在存续期，股东结构如何，这些股东是否存在重大违法违规行为，公司是否存在重大违规违纪事件。因为现实情况摆在眼前，只有公司还在存续期，公司的营业收入正常，才能够保障员工工资的正常发放。

政府正在加大力度完善信用体系建设。严重失信企业会被推送到国家统计局网站、"信用中国"网站、全国信用信息共享平台和国家企业信用信息公示系统进行公示。当然还有严重失信个人，从"信用中国"网站中人们可以查阅限制选乘坐火车、飞机的严重失信人名单，这些名单的人员往往涉及严重违反税务、市场监管、公共安全等方面的规定。由失信人员担任法人、股东或者重要管理职务的公司需要重点关注并采取进一步措施核实与公司相关的其他信息，假如还存在拖欠工资、拖欠供货商货款等负面相关信息，这样的雷区就要尽量绕开。找到合法设立的企业和守信经营的企业是对自己的未来负责任的行为。

关于 E：有效产品与服务筛查

孩子： 现在注册公司非常方便，为什么要找有产品和服务的公司呢？

妈妈： 企业的生存和发展一定离不开其本质，就是要为客户提供有效的产品和服务，就像迪士尼公司为公众提供娱乐服务，诺华制药公司为公众提供治疗的药品一样。如果没有有效的产品与服务，仅仅是注册了一个公司，那这样的企业就无法为其雇员提供有效持续的收入保障和福利保障。

无论企业处于什么发展阶段，求职者都需要认真研究一下目标公司的网站，与其招聘人员加强面对面沟通，在了解岗位信息的同时多询问一些与公司有效产品和服务相关的信息。诸如：

1. 这家企业的价值主张是什么？企业为其客户提供什么样的价值？在帮助客户解决哪一类问题？

2. 这家企业为每一个细分市场提供哪些产品或者服务？这家企业在满足哪些客户的需求？这家企业最直接可实现产品是什么？

3. 这家企业的收入来源是什么？有什么样的产品和服务？这些产品和服务的是什么样的客户？企业客户付费的内容是什么？这家企业产品或者服务的定价策略是什么？

4. 这家企业的客户基础如何？已经有了哪种客户？如何获取、保持并扩展客户？谁是这家企业最重要的客户？最典型的客户是怎样的？

5. 这家企业所提供的产品或者服务的竞争对手有哪些？

如果上述的问题的答案是有具体内容的，就需要评估自己是否可以接受这些答案,并努力验证一下信息的准确性。

孩子:还发现同学里有与第三方派遣公司签订劳动协议的情况。

妈妈:随着企业面对成本控制和预算控制约束性经营要求,越来越多的第三方人力资源中介企业参与人才市场。年轻人同样需要了解清楚所派往的企业不得从事非法业务,所签约的派遣企业同样需要符合上述要求,合法性与有效的产品与服务仍然是必要筛查内容。

关于G:成长性筛查

孩子:从事投行业务的同学对企业的成长性概念并不陌生。找工作时为什么还要强调成长性筛查呢?

妈妈:根据我的工作体会,相同岗位,会因为企业处于不同发展阶段,对于人员的履职能力要求各不相同的。例如以前台岗位为例,初创企业的前台人员几乎相当于大企业总经办主任,从订机票、订盒饭到应对政府调查各类事务都要介入;对于快速发展阶段的企业,公司往往期待前台人员对客户具有敏感性;对于发展成熟阶段的企业,前台人员完成热情接待,有效引导,基本就可以达到要求了。找工作的年轻人,就像前面提到的小刘,有必要针对企业的成长性进行筛查,帮助自己找到职业定位,合理设定个人心理预期。

1. 初创企业

由于资源相对有限,控制成本非常重要,因此初创时期企业对员工的要求,最大的特点是需要一人多能,不计较得失。《以奋斗者为本》一书中用"苦难"两个字来描述华为的初创时期阶段。由于要一人多能，所以需要学习能力强而且可以跨领域学习的员工，同时对员工的主观能动性要求较高，俗语说就是"眼里有活"。

对于初创企业来说，核心技术从投入到技术成果产出，再从技术成果产出到商业价值转化，是两个需要同时解决的不同类型的课题。在职业生涯中，我看到过太多有激情有抱负的年轻人，在实施过程中，有些年轻人擅长技术成果产出，但是在技术成果商业价值转化过程中，面对市场中各经济要素整合过程之中遇到的困难准备不足；也有些年轻人商业头脑很灵活，市场驾驭工作思路很清晰很灵活，但是缺乏核心技术成果或者是说没有找到适合的技术成果。如果可以同时跨过这两个陷阱，初创企业就具有强大的生命力。

我们熟知的大疆无人机在其创始人汪涛带领下，成功克服技术产出和产业转化两重障碍，获得巨大成功。因此，对于进入初创企业工作的年轻人来说，需要充分认识到实现技术产出和产业转化过程中的双重困难，再评估自己的风险承受力之后作出选择。

2. 快速成长期的企业

由于自己的职业经历和在南京大学 EMBA 学习经历，我结识了许多长三角区域的企业家们，可以观察到许多快速成长期的企业，它们营业收入增长很快，人员增加很快，客户增加很快。进入快速成长期的企业由于可调动资源开始增多，新产品和新服务的开发有了基础条件，研发人员和制造岗位开始增加，同时由于人员的迅速增加和业务功能开始模块化，加上市场区域迅速扩展，制度整合和财务资源、人力资源的整合难度和复杂度开始加大。

进入快速发展阶段的企业,更需要人的能动性与行为规范性的有机结合,流程和管理机制开始建立健全,开始设定经营行为边界。岗位职责内容快速变化是常见的情形,此时对于人员的履职要求包括能够适应这个特点。

3. 成熟期企业

成熟期企业,以世界 500 强以及大型国有企业居多,它们业务空间非常广阔,但是企业内部流程和管理也更加规范,个人的行为边界和职责边界要求非常清晰,合规的要求更高,服从性的要求也更高,此时每个从业人员更像一颗"螺丝钉"。

除此之外,知名管理学者赫尔曼·西蒙于 1986 年率先提出了"隐形冠军"的概念。他认为商业世界中,真正推动整体经济持续发展的主要动力并非是声名显赫的大企业,而是那些在各个细分领域处于国际领先地位却没有太高知名度的中小企业,即所谓的"隐形冠军"。例如浙江义乌的"双童吸管"有限公司是做吸管的隐形冠军,其市场覆盖面已遍布全球几十个国家和地区。

孩子:按照 LEG 企业筛查罗盘,企业的合法性、产品与服务的有效性和企业的成长性需要同时具备,缺一不可了?

妈妈:是的,有些企业貌似有产品与服务,但如果涉及非法生意,则会很快面临被监管部门取缔的困境,相应的从业人员也将失去工作。

在对企业基础情况进行"体检"之后,就可以定位目标企业梯队了,为下一步更加深入的研究做好准备。

这里还推荐一种方法。美国企业界还提出一个口号:优秀的企业家成就一个优秀的企业，所以关注优秀企业家的信息，自然就可以发现这些优秀企业家身后的企业信息。例如新闻中出现过"江苏省科技企业家"的公示名单，只要上网就可以按图索骥，查找企业家身后的企业信息。许多地方政府还会从财税方面支持本地企业做大做强，开展诸如评选"独角兽"企业等举措，这些信息都会通过新闻媒体向全社会公布。另外地方统计年鉴每年都会收录地方大型企业的信息，能够列入统计年鉴的企业往往是为地方政府贡献真实利税的企业，这些都是值得平时关注和收集的企业信息。

孩子：明白了。LEG 罗盘可以帮助同学们找到自己能大展身手的舞台。如果初创企业的产品和服务有应用前景，大家肯定愿意试一试。

掌握人岗相适的神奇艺术——匹配原则罗盘

孩子：问题接着来了，对于还没有跨出校园的年轻人来说，当我们选择了一个长长的企业备选名单，以及这些企业可以提供的各类岗位机会，怎么知道该把自己的简历投递向哪一个岗位呢？

妈妈：这的确是一个难点。因为你不知道岗位需要什么，面试时你就无法充分展示出自己对这个岗位的能力优势。

对于企业来说，获得、培养并留住优秀的员工是一个企业稳定持久发展的根本保证，所以从人力资源专业角度，追求的最高工作境界就是"把合适的人放在合适的岗位上"。在这个指导思想下，企业的人才管理就是通过将个人能力与组织要求相匹配，确保"把合适的人才用在合适的岗位上"，以确保提高整个组织绩效。由于与人有关的各种内在因素和外部环境时刻在发生变化,所以"人岗相适"常常被称为是一门神奇的管理艺术。

在年轻人找工作阶段,求职者与企业之间在对企业和对岗位的理解上有着巨大的信息不对称,所以我在这里提出另一个角度的"匹配原则罗盘"(如图3-4所示),帮助年轻人建立"人岗相适"的初步理念。匹配原则具体包括:

"愿力"与企业文化相匹配原则
胜任力与岗位职责相匹配原则
风险偏好与岗位活动范围相匹配原则

本书的后面章节还将谈到,整个职业生涯,其实都是自己不断寻求"人岗相适"这门艺术至高境界的过程。越快掌握这门艺术,个人的职业发展就会越快走向成功。

图3-4 匹配原则示意图

孩子：刚开始求职的年轻人往往习惯于考虑个人兴趣和所学专业与企业的匹配，将人岗相适理解为工作职责是否与所学专业相匹配、工作地点与生活规划相匹配、工作氛围与兴趣爱好相匹配等。而妈妈强调的企业内部的人才发展遵循的是发挥优势贡献最优绩效。要达成共识还需要我们参加工作之后去理解。现在先要解决投递简历的问题。

妈妈：有些问题最好在投递简历之前有所准备。年轻人需要意识到一点，企业对商业世界的认知模式，所确立的商业模式和具体商业行为模式与个人对于商业世界的认知模式和行为模式相匹配，才能最终形成企业与个人发展的共赢。

愿力与企业文化相匹配原则

孩子：为什么愿力要与企业文化相匹配？

妈妈：前面在"自我需求供给均衡关系罗盘"一节中提到了愿力的概念，愿力代表了一个人做一件事情或者从事一项职业的决心和动力。

同时企业的 CEO 和创始人经常有意无意地在公众场合发表组织文化方面的观点，这种表态包含重要线索，帮助我们理解他们思考和引领所在公司文化的方式。例如：

特斯拉：学习

我感兴趣的是能改变世界或影响未来的东西，还有魔法般的新技术，就是会让你惊呼"这是怎么回事"的那种东西。

——埃隆·马斯克（共同创始人、CEO）

迪士尼：关怀

开放且平易近人，公平对待员工，看着他们的眼睛说出你的想法，这无比重要。　　　　　　　　——罗伯特·艾格（CEO）

华为：权威

华为有一种"狼性"，在与狮子的搏斗中，狼群拥有令人胆寒的力量。它们的求胜欲望强烈，不怕失败，一心想达到目标，用各种办法把狮子拖垮。　　　　　　　　——任正非（CEO）

美国证券交易所：秩序

制定规则是委员会的核心职能。为证券市场制定规则时，我们也要遵守很多规则。　　　　　　——杰伊·克莱顿（主席）

孩子：随着时代的进步和发展，人们对幸福的定义也在发生变化。曾经有人写下了这样的公式：新时代幸福指数＝经济+科技+社会+生态+理想。

妈妈：实际生活中也有许多人在经历过生活的磨砺之后，才发现自己的真实愿力所在。有人想要创业，有人想要安定的生活，有人想要帮助他人实现理想。这些与年龄大小无关，有些人年龄很小，就清楚自己的理想，周恩来总理在 14 岁时就发愿为中华之崛起而奋斗。

只要有愿力，就会忠于自己的选择。无论是向难民提供温饱和医疗服务的志愿者工作，还是为自己提供了从生存到自我实现的全部满足的那份工作，都促使人们披星戴月、勇往直前地遵从自己的选择。

孩子：明白了，所以我们需要将个人愿力与不同类型的组织企业文化相匹配，这样个体与组织可以更快地实现共赢。同时与企业文化的匹配是需要持续关注的，因为个人能力增强了，个人智慧增长了，个人视野拓展了，愿力的指向是可能变化的。

胜任力与岗位职责相匹配原则

孩子：应该如何理解胜任力与岗位职责类型相匹配原则呢？

妈妈：每个人与生俱来的天赋与才能需要恰当类型的岗位职责与之相匹配。如果盲目选择，则无法发挥出年轻人的优势。

孩子：的确人们的天赋与才能就像大自然里的物种一样，千差万别。

妈妈：所谓"胜任"其实是没有恒定标准的。时间在变，环境在变，胜任的标准不知不觉之中就在发生改变。企业是需要努力创造经营效益的组织，没有效益，企业就要破产死亡。由于企业无法预测将会面临什么样的竞争对手，什么样的技术更替，什么样的政策监管，只有要求人的胜任力强大，不断学习，才能够适应变化，不被淘汰。所以在产业组织内工作的人们需要具备更加强大的心理稳定性和快速适应变化的能力。

孩子：这也是让我周围许多同学在考虑公务员、高校研究工作或者企业的选择时容易纠结的内容。

妈妈：我们这一代人中有许多人离开机关单位选择创业，当时叫"下海"，就是不满足于当时机关按部就班、收入不高的状况。

孩子：正是因为胜任力是一个动态变化的因素，所以每年的招聘活动中，单位在招聘广告中所写明基本的岗位要求，如专业要求、学历要求、年龄要求、工作态度的要求未来都会发生变化。

妈妈： 的确如此，一个企业招聘时所要求的员工的胜任力是根据这家企业的行业规模、市场竞争地位、发展阶段确定的，是某一阶段某一时期的特定概念和定义。所以与工作岗位的相匹配也是将一直处于一个动态调整的过程。

2009年夏季我在德意志银行法兰克福总部的人力资源部门进修时，有一个专门负责研究岗位胜任力模型的团队与我们交流。他们当时正在制定零售业务销售人员胜任力模型，通过研究提出了初步方案，认为零售业务销售人员至少需要具备超过30种业务能力，每种能力根据掌握程度又可以划分成1—5级。由此可以推论出，胜任力类型将可能被组合出上百种结果。然而负责该项目的人员一直被一个实际问题困扰——等相关胜任力模型内容确定下来，很多定义的能力又要面临调整，市场变了，导致他们要不停调整方案。

市场竞争的存在是职场中岗位胜任力提升的永恒推动力。

风险偏好与岗位活动范围相匹配原则

孩子： 岗位活动范围指什么呢？

妈妈： 随着企业的业务发展，使用企业产品与服务的客户所在行政地域将会越来越扩展。岗位活动范围将越来越广，员工出差、被派驻到家庭所在地之外甚至海外工作的情况将越来越常见。这些必然给个人的居家生活带来影响，尤其对于家里有需要护理的老人或者儿童的家庭来说，岗位活动范围的变化不仅仅需要一个人去适应，而是需要全家人都要去调适。

孩子： 这个情况在我们找工作时的确还没有想到。

妈妈： 实际工作场景中还可以看到人们的各种个性表现。有些人喜欢冒险，对陌生环境和文化适应性强；有些人进取动力强，不怕困难，风险承受度较高；也有些人倾向稳健平衡，希望在相对稳定的空间中寻求发展。如果对员工职业风险偏好不了解，就无法真正做到人岗相适，也不利于调动员工工作积极性。

毕竟职场之中，人们肩负的很大一部分责任就是与家庭成员共建美好生活。同时，无论什么模式的职业安排都需要基于一个前提，即需要规划好自己的情感与心理支持网络：与父母、抚养人和被抚养人、伴侣，或是朋友，在漫漫职业生涯中互相关心互相支持。我的同辈人里就有人为了照顾孩子或者照顾老人而选择销售类型的工作，以确保时间上有一定的灵活度；也有的朋友选择每七年换一份工作，两段工作中间间隔一年进行学习和心灵充电。

孩子：我在网上看到《纽约时报》上一篇专栏文章，提到纽约大学特恩商学院阿伦·桑德拉拉詹教授的观点："未来可能会有一部分人通过做各种各样事情来获取收入——你既可以是优步司机，又可以是 Instacrat 采购员（替客户采购日常用品），爱彼迎的房东，也可在 Task Rabbit 上做临时工。"市场上涌现了大批直接连接客户和服务提供商的新型企业，这些公司运用互联网技术动态匹配顾客和提供解决方案的个体或团体，建立能够让供需双方直接对接的在线平台，导致自由职业者大量涌现。

妈妈：是的。这种新的模式就是我们所说的零工经济。根据《人力资源和社会保障事业发展统计公报》，截至 2016 年末，全国就业人员为 77 603 万人。其中工薪阶层占 26%，临时工及自由职业者占 31.8%，农民占 25.1%，企业主占 14.6%，其他占 2.5%。与此同时根据世界人口网站公布的信息，截至 2016 年 7

月4日，中国人口总数为 1 396 914 787 人。

孩子：如果按照上述口径，全国就业人员占人口总数的56%左右，其中的工薪阶层占人口总数的比例不足15%，而且劳动力市场中的临时工及自由职业者比例超过了工薪阶层。

妈妈：完全成立。从劳动需求角度，企业也不再采用单一的劳动合同用工；从劳动供给角度，除了传统的体育、文艺、写作、音乐、绘画领域之外，越来越多的人采用多元化的灵活就业方式。自我雇佣、独立承包、众包等一系列新型灵活就业形式的出现挑战了原有劳动关系的单一性。

根据不完全统计，2016年国内神州专车、美团专车等平台为社区创造了 1 750 种灵活就业机会，在房屋住宿领域，小猪、途家等平台带动直接和间接就业人数估计超过 200 万人。在生活服务领域，大型外卖平台注册配送员已超过百万。其他还有城市交通、家庭用餐服务、电器维修、旅行、私人教练、家庭辅导、洗衣服务、家政服务等行业都出现了更加灵活的从业形式。

孩子：不过这么多灵活就业人员的社会保障和社会福利、职业晋升、社会尊严、知识产权保护等问题是不是更加复杂了？

妈妈：是的。零工经济对人力资源的管理带来了新的冲击，一方面零工经济实现了人力资源共享，使得人力资源的匹配效果比传统的劳动力市场高得多，使得人力资源的开发和利用开始逐步向外部渗透，显现出外部化特征；另一方面对企业人力资源的管理提出很大挑战。同时政府和监管部门也需要为社会契约和就业合同设定新的模式，以适应不断变化的劳动力队伍和工作性质。

虽然互联技术提供了更多的用工可能性，不过前提仍然是选择真正适合自己的模式。

岗位的存在与消失隐藏着什么奥秘？——岗位三维空间罗盘

孩子： 我们找工作时就会带着一种担忧：一方面看到非常多关于人工智能快速发展的报道，生活中连海关入境都可以通过设备自动处理了；另一方面大家知道 2008 年金融危机出现时，全球经济都受到波及，可以看到许多企业关闭、劳动者失业的新闻。我辛苦半天找的工作肯定不希望被机器替代掉了，或者当岗位消失的时候，我们希望还可以继续发现新的岗位机会。

妈妈： 你的问题很现实。如果从人力资源专业角度，一般会按组织战略、商业模式、组织优化这样的逻辑开展对岗位设置命题的解答，讨论应该是因人设岗还是因岗选人。

根据我自己围绕"公司治理、技术创新与中国医药企业成长动态关系"展开的专题研究，发现还可以换一种角度来分析岗位的存在和消失的影响因素，我称之为"岗位三维空间罗盘"（如图 3-5 所示），即岗位的法律要素空间、经济要素空间和管理要素空间三维空间罗盘。这里岗位三维空间罗盘包含了三层内涵：

第一，一家企业内所有工作岗位都分布于三个空间之中。

第二，岗位的存在与消失源于企业这三个空间之间的相互作用。

第三，根据岗位所属职位层级不同，岗位职责中所包含的法律性、经济性、管理性要素各不相同。

孩子： 那太好了，我们就是需要更多的方法帮助自己客观地

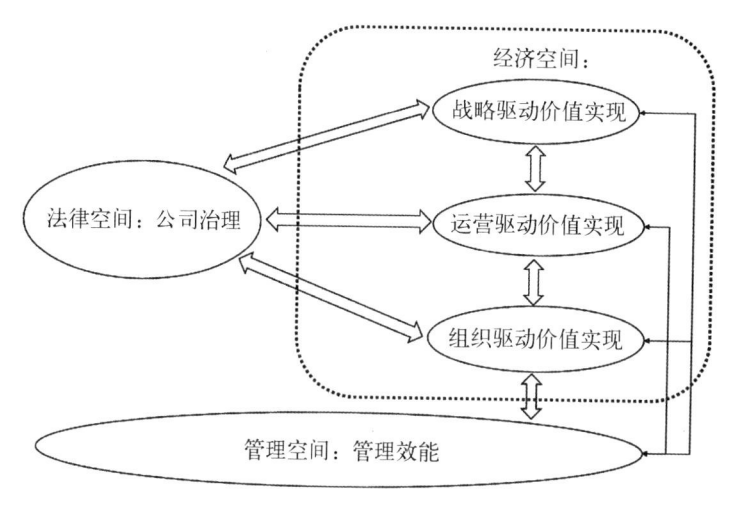

```
                    ┌─────────────────────────────────┐
                    │           经济空间：              │
                    │    ┌──────────────────┐         │
                    │ ⟷  │  战略驱动价值实现  │ ←──────┐│
                    │    └──────────────────┘        ││
 ┌──────────────┐   │            ↕                   ││
 │ 法律空间：公司治理│ ⟷ │  运营驱动价值实现  │ ←──────┤│
 └──────────────┘   │    └──────────────────┘        ││
                    │            ↕                   ││
                    │ ⟷  │  组织驱动价值实现  │ ←──────┘│
                    │    └──────────────────┘         │
                    └─────────────────────────────────┘
                                  ↕
              ┌──────────────────────────────────────┐
              │        管理空间：管理效能              │
              └──────────────────────────────────────┘
```

图 3-5　岗位三维空间罗盘

观察职场，分析发展趋势。这样当新的岗位出现时，可以更好地把握住职业发展的机会；当岗位可能消失时，提前采取相应的安排，从而最大限度降低负面影响。

妈妈：现代工业国家普遍认为企业是国家经济繁荣的基础。因此包括公司的设立、成长、成熟、结束在内的全部生命周期管理均受各国的公司法或者商法以及系列法律监管。

围绕企业发展所开展的理论和实践研究中，有的是围绕企业的各类法律要素；有的是围绕企业的各类经济要素；有的是围绕企业的各类管理要素。但是现实商业世界中，企业每一天的生存和发展都必须同时面对法律维度、经济维度和管理维度相互交织在一起而产生的问题。

所以我提出企业实际存在于一个三维空间之中，这个三维空间由法律要素空间、经济要素空间和管理要素空间共同组成。三维空间之间的紧密联系和相互作用真正构成了企业，也真正促进了企业的成长。由于企业的存在和发展必须由人完成，相应的所有岗位的设置也分布于三维空间之中，因此为一家企业工作的所有工作人员都分布于三维空间之中，岗位的存在与消失就源于企业三维空间之间相互作用。

孩子：让人耳目一新的解释角度，我需要花点时间来理解。那么企业的三维空间之间各种力量又是如何相互作用呢？

妈妈：简要地说，法律要素空间，简称法律空间，包含了控制权力量、制衡与激励力量等。在这个空间之中董事会发挥着核心作用（如第十一章图 11-1 所示），对于初创企业或者小微企业来说，是一种类似董事会作用的核心在承担相应责任。法律要素空间通过战略驱动、运营驱动、组织驱动三股力量作用于经济要素空间。经济要素空间简称经济空间，经济空间的核心是完成商业价值实现作用，具体包含了利润、竞争、技术创新等各类经济性要素。管理要素空间简称管理空间，管理效能是管理空间的核心作用，分别与法律空间、经济空间存在相互镶嵌、连接。如图 3-5 所示。下面我们将逐一展开分析。

法律要素空间

孩子：如何理解法律要素空间对于一个企业的意义呢？

妈妈：还记得你喜欢看的电影《天空之城》吗？

孩子：当然记得。这是日本著名导演宫崎骏制作的一部动画片。影片中令人惊叹的部分，就是宫崎骏在电影中设计了充满想象力的场景：一个被神秘的磁力支撑，可以悬浮在空中的自由之城，上面有着森林花园，收藏了许多宝藏，还有卫士，容纳人们的劳作生活。

妈妈：一个企业或者组织里法律要素空间的作用恰如影片中主人公希达胸前坠子所具有的"磁力"。一家企业就像天空之城那样的宏大建筑，内部有着起到各种工作功能和生活功能的物理空间，外部还有花园，但核心部分很难被觉察。每个企业就被"法律要素空间"这种无形的磁力凝聚着，通过这个空间将经济空间和管理空间紧紧地融合在一起。

孩子：《天空之城》影片的末尾，原来宁静的城堡遭受到外来力量的攻击和破坏，城堡的财物被掠夺，建筑以及保护罩遭到损毁，但是这股"磁力"仍然可以带着剩余的附属物，继续飞向更远的天空。

妈妈：在现实商业世界里，这样的情形处处可见。也许某公司的子公司被出售或者被并购，其母公司仍然继续运行。一个企业股权结构的调整往往也就意味着"磁力"强度的调整。

制度经济学研究领域中，契约论学者认为企业本质上是一组契约的纽带，他们将高效合理的治理结构视为企业成长的动力源。优秀的公司治理就是这个优秀组织的核心，公司治理建设得越完善越规范，拥有的磁力能量就越大，"天空之城"就能飞得越高。董事会是公司治理的核心，主要职责包括制定战略，组建高层经理团队，推进运营顶层设计政策（如图 11-1 所示）。通过第 11 章大家还将看到，各国在对企业公司治理的监管框架中，对于董事会的上述职责不断给予强化而不是削弱。

孩子：我记得这样一个场景：美国伯克希尔·哈撒韦公司（Berkshire Hathaway Co.）2018 年 5 月举行了一年一度的股东大会，入会现场一名 8 岁的股东向 88 岁的公司创始人沃伦·巴菲特和 94 岁公司合伙人查理·芒格就某一具体投资策略进行询问。

妈妈： 这表明越来越多的年轻人将通过自主创业、联合创业、财富传承、股权转让、收购与兼并等多种途径直接进入这个空间。如果可以小心地管控好风险，就像主人公希达一直随身佩戴着那个胸坠一样，那么这个"磁力"可以一直伴随着你，从8岁直至88岁、94岁甚至更加久远的时间。

孩子： 我们也有同学毕业之后直接成为自由职业者的。

妈妈： 对于自由职业者，例如设立独立工作室的画家、音乐人、影视人员、理发师等同样拥有这个"磁力"空间。无数初创企业和小微企业，只要能够腾空起飞就是巨大的成功。"磁力"能量可以通过不同的方法和途径去强化，磁力场越强，可以发展的空间越大。

包括现代农业也越来越多地通过法人组织开展规模化生产，正在改变着人们传统观念中的个人作业模式。

孩子： 这个磁力空间与我们职业发展有什么关系呢？并不是每一个人都会选择创业。

妈妈： 法律要素空间中的职业岗位包括董事长、CEO、董事会秘书、监事会主席、独立董事等高级管理层人员，他们的工作职责涉及一个组织内部经济运行和管理运行的顶层设计和核心经营决策，在美国这些岗位业已形成较为成熟的"经理人市场"。在中国现阶段，还极少看到直接拿董事长或者总经理岗位出来开展社会招聘的。但相信随着控制权市场发展到更加成熟程度，经理人市场也会得到相应发展，未来肯定会出现CEO等高级经理人交易市场。你们年轻人每一个人都有机会成为这个市场的参与者，如果你不去关注控制权市场的发展带来的高级经理人市场的发展，可能未来会错过很多职业发展机会。

经济要素空间

孩子： 人们在日常生活中谈论最多、最离不开的就是钱。通过参加一些志愿者项目，我更加体会到，一份帮助他人的理想情怀背后需要经济的支撑才可能得以实现。

妈妈： 非常务实的体验。在经济理论体系里，利润、营业收入、规模、技术创新、竞争体制、自由贸易、保护政策、财政金融与货币管理，以及土地、财税、产品价格、促销活动、财政补贴、知识产权等都属于企业的经济要素空间。如图3－5所示，法律要素空间主要通过战略驱动、运营驱动、组织驱动三股力量推动经济要素空间的整合，从而完成商业价值实现的目标。

因此经济要素空间里的所有岗位都需要面对一个共同的基本职责要求，就是通过自己的岗位工作实现企业经济价值。即便有机器人的出现，回避不了其经济空间属性本质，只是使用了成本更低、产出更高的经济性实现形式。

孩子： 是不是可以这样理解，企业内部包括市场、销售、研发或者技术、生产、财务、采购类等各类岗位都属于经济空间？经济空间里的所有岗位都是围绕企业的经济性行为设立的？

妈妈： 你的理解非常符合本节三维空间罗盘的逻辑。

孩子： 我在微信公众号中看到过一则消息："某工业园区举办了2018年春季招聘会，参加招聘的企业595家，世界500强企业9家，上市公司74家。招聘专业需求包括机械类、化学生物类、艺术类、经济类、管理类、电信信息类、教育类……"

我把这条信息里所公布的岗位数量用计算器加了一下，其中事业单位10家，共提供岗位165个；民营企业370家，共提供岗位 10 782 个；国有企业 32 家，共提供岗位 806 个；三资企业 183 家，共提供岗位 4 777 个。这么多岗位用三维空间罗盘可以分析出什么结论呢？

妈妈：岗位总数为 16 365 个岗位，按照本节所讨论的逻辑，我将上述岗位归类成了下面这张经济空间岗位示意图（图 3-6）。

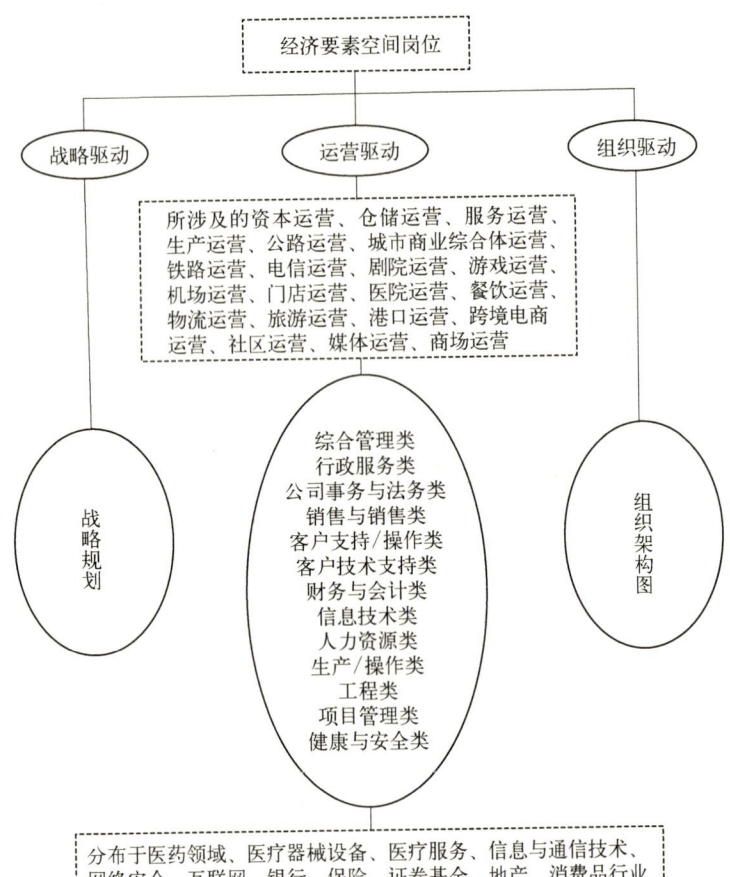

```
                    经济要素空间岗位
         ┌──────────────┼──────────────┐
      战略驱动        运营驱动         组织驱动
                         │
              所涉及的资本运营、仓储运营、服务运营、
              生产运营、公路运营、城市商业综合体运营、
              铁路运营、电信运营、剧院运营、游戏运营、
              机场运营、门店运营、医院运营、餐饮运营、
              物流运营、旅游运营、港口运营、跨境电商
              运营、社区运营、媒体运营、商场运营

                      综合管理类
                      行政服务类
                      公司事务与法务类
                      销售与销售类
      战略          客户支持/操作类         组织
      规划          客户技术支持类         架构
                      财务与会计类           图
                      信息技术类
                      人力资源类
                      生产/操作类
                      工程类
                      项目管理类
                      健康与安全类

              分布于医药领域、医疗器械设备、医疗服务、信息与通信技术、
              网络安全、互联网、银行、保险、证券基金、地产、消费品行业、
              汽车整车与配件、新能源汽车、智能驾驶、汽车租赁、机械制造、
              芯片、电子产品、自动化、能源、化工、航空航天、广告传媒、
              餐饮、动物科学、作物科学、文化影视等行业
```

图 3-6 经济要素空间岗位图

其中：

图中的战略驱动：在企业内部，人们往往可以看见战略规划这样的文字形式，或者创始人的讲话内容中会反映出相关信息。

图中的运营驱动在实际商业环境中可以分成许多类别，第六章还将详细介绍。这里把参与运营的各类岗位从人力资源专业角度进行了分类。图的下方列举了涉及这些运营的一些行业和细分行业。

图中的组织驱动：在企业内部场景中通常可以看见组织架构图这样的形式，反映了组织推进模式，有点类似于古代战场上敌我两军交战时的"排兵布阵"。

上述信息中所招聘的岗位虽然没有在现场看到具体名称，但是通过图3-6，可以推论出，一场大型招聘会上，众多企业所提供的岗位，不低于90%的岗位应该属于经济空间中与运营相关的岗位，都是围绕企业的经济性行为设立的。在经济要素空间中各类岗位工作的人，在工作过程中都离不开对客户的服务要求，增加收入、降低成本，提高投入产出效益等经济性目标要求。

孩子：如果把一场招聘会里上万个岗位进行这样归类，感觉直观很多。

妈妈：此时再结合MGP细分行业里的具体岗位来看，你会发现经济要素空间涵盖了各类行业的各类招聘岗位，例如：

医药行业：生产经理、质量经理、验证经理、合规经理、环境安全健康经理等；

器械设备行业：市场准入经理、研发经理、销售效率优化经理、质量法规经理等；

医疗服务行业：诊所经理、医学检验中心经理、医务经理、

护理经理等;

信息与通信行业:云计算架构师、自然语言处理工程师、算法工程师、视频产品规划师、深度学习研究员等;

金融行业:精算师、风险控制经理、股权投资经理等;

地产行业:旅游地产项目经理、工程经理、建筑设计经理等;

消费品行业:采购经理、供应链经理、电子商务经理、高级品牌经理、数字营销经理等;

汽车行业:整车设计经理、造型工程师、物流经理、内外饰工程师等;

新能源汽车行业:电驱动软件工程师、电控系统工程师、车身轻量化工程师等;

机械制造行业:工业大数据工程师、机器人研发工程师、精益生产经理、海外并购经理等;

物流行业:架构师、仓储经理、资源管理经理、招商经理、运输经理等;

动植物行业:疫苗注册经理、技术服务工程师、作物种植农场经理等;

餐饮行业:菜单市场经理、全国培训经理、数字营销经理、产品开发经理、线上销售专家等。

前面所提及的零工经济模式下,各类工作岗位的存在也大都属于企业的经济空间。

孩子:有点好奇,研发也属于经济要素空间岗位?

妈妈:不同于高校里的学科基础研究,企业中最需要的是技术的应用所带来的商业利益。一旦某项技术的开发被评估无法产生未来的经济效益时，该技术项目往往面临被关闭的命运，相应的技术岗位自然就消失了。

管理要素空间

孩子： 管理课程是大家在校学习最常见的课程。经典理论代表有彭罗斯的企业资源成长理论、安索夫的战略成长理论、德鲁克的经营成长理论和钱德勒的管理与技术成长理论。

妈妈： 管理界的理论观点和实践成果非常丰富。如图 3-5 所示，与法律要素空间和经济要素空间不同，一个组织的运行效率是管理要素空间讨论的核心命题。

孩子：《小企业内部控制规范（试行）》中提及："小企业建立与实施内部控制应当重点关注下列管理领域：资金管理、重要资产管理（包括核心技术）、债务与担保业务管理、税费管理、成本费用管理、合同管理、重要客户和供应商管理、关键岗位人员管理、信息技术管理。"这些都属于管理空间吗？

妈妈： 按照本书的逻辑，上面所提及的企业运营之中的诸多领域绝大部分属于经济空间范畴。本书用三维空间来定义企业内部岗位，就是想表达出一种观点：在工作分析时如果能够把管理空间与经济空间区分开来，可能更容易发现问题产生的本源所在。例如资金管理、重要资产管理（包括核心技术）、债务与担保业务管理、税费管理、成本费用管理等内容在经济学领域中可以找到相关的工具和方法加以整合。

同样，法律空间里的问题在法律要素维度方向寻找解决方案，管理空间里的问题在管理要素维度方向寻找解决方案是否更有利于问题的解决？需要你们年轻人通过进一步思考和探索来回答。

孩子：任何一个职业行为既可能带来经济效应也可能带来管理效应，管理职能和经济职能在现实工作场景中是很难严格区分开来的。

妈妈：你的判断非常精准。在企业实际运行中，有许多岗位同时肩负法律性职责、经济性职责和管理性职责。

通常职位层级越高，三维职责之间界限划分越模糊。总经理、VP级别高级管理人员、总监等职务，必然同时承担法律性、经济性和管理性等三维职责。既要完成销售收入、利润等经济性任务，也要完成董事会相关顶层设计方面相关职责，还要完成符合监管要求的业务合规性任务和提升管理效率的任务。

职位层级越低，则三维职责之间界限划分相对明晰。例如新闻中说道，在传统节日端午节前后，生产粽子的企业中包粽子岗位上的员工每天包粽子达上千个，类似岗位通常完成规定业务操作的进度和质量相关职责即可。

孩子：由于初次接触三维空间的概念，似乎一下子还不能完全理解到位，是否有一些现实中更加直观的实例来说明岗位的存在和消失呢？

妈妈：大家都听说过"蝴蝶效应"这个概念。20世纪70年代美国一名气象学家洛伦兹在解释空气系统理论时说，亚马逊雨林一只蝴蝶翅膀偶尔振动，也许两周后就会引起美国得克萨斯州的一场龙卷风。后来被广泛用于形容一个微小的动因，会导致遥远的地方发生巨大的变化。

中国证券报2018年2月1日发布了一则有关淘宝"阿里司法"中有一家公司的股权被拍卖的消息。这是每天海量的信息中非常普通的一条，但是如果放入现在讨论话题之中，它就是职场中"亚马逊雨林里的蝴蝶"，将会对我们根本不认识的一群职场人带来现实的冲击和影响。

通常当一家公司的股权结构发生变化时，股东结构也将随之发生变化，将有新的股东出现，也有老的股东离开。所有权结构的变化引发控制权结构的变化，接下来董事会成员结构将发生变化，新的董事将出现，有的董事将离开。董事会成员结构变化将引起战略驱动、运营驱动和组织驱动模式的调整，进而带来经营策略、组织架构的调整，于是有些部门会新设，也有些部门会合并，还有些部门会撤销。随之而来相应工作岗位将发生调整，新的岗位会出现，有的岗位继续保留，也有一些岗位就消失了，接下来会引发相关人员安排的变动。

对职场带来影响的"亚马逊森林里的蝴蝶"还有可能来自政府的产业政策调整、税收政策调整、知识产权政策调整、监管政策调整等一系列外部因素。

孩子：看来亚马逊雨林的蝴蝶是大自然力量的一部分，就像中国沿海城市在夏季都将面临台风袭扰一样，作为个体无力逆转台风的发生，能够做的就是提前做好应对和防护预案。知晓了工作岗位的出现与消失的原因，就可以趋利避害，在动态调整中找到真正适合自己的发展机会。

第四章
确定 OFFER，"芝麻开门"

> 不求事如己愿，但求凡事顺乎自然，如此人生就会顺遂自得。
>
> ——古罗马哲学家　爱比克泰德

妈妈： 我们这代人有一种共识，就是现在的年轻人实在太幸福了，不仅从小成长在物质生活丰富的社会里，到了求职的时候，又遇到了技术创新驱动新经济时代，小到各个地方政府，大到各个国家都在展开对年轻人才的争夺，处处可见"争抢人才"的举措和政策出台。

孩子： 虽然如此，但我们也有我们这代人特定的烦恼呀。就好像电影《午夜巴黎》里展现的一样，每个时代的人们都认为在他们之前的时代才是真正的"黄金时代"，而自己所处的当下时刻似乎永远充斥了混乱、矛盾、困惑。而且机会越多，反而越纠结，因为做出一个选择时需要放弃的其他选项就越多。谁知道选中的一定比没有选的那项更好呢？

妈妈： 美国将军马歇尔说过，"给我们清晰的愿景，以便我们可以知道自己的阵地和立场。因为如果我们没有立场，我们就可能因任何事情而沦陷"。

孩子：对于我们来说，刚毕业后挑选职业几乎是第一次完完全全属于自己的"自由选择"。要如何才知道自己挑选的那个就是最好的呢？既然鱼和熊掌不可兼得，我又要如何取舍呢？是应该考虑薪酬、兴趣？还是考虑城市抑或发展机会？

妈妈：这里我们假设两种场景：第一，如果你将生活在沙漠中，你愿意离开水生活一年还是离开钻石生活一年？

孩子：此时的答案显而易见，肯定不会放弃水。

妈妈：第二，如果你在《最强大脑》节目中赢得奖品，奖品有两种，一种是钻石，一种是两箱矿泉水。你会选择哪种奖品？

孩子：那当然会选择钻石啦。

妈妈：面对相同的选项，不同场景之下人们选择结果并不一样。每个工作机会背后都关联着具有约束效力的劳动合同，需要综合考量的相关因素非常多。第三章提供了一些罗盘帮助我们了解与职业有关的基本概念和原则，厘清自己的"愿景"与"阵地"，下面就要进入现实招聘场景了。根据自己的观察，以下四个方面需要给予更多关注：

寻觅招聘信息中隐含的"责、权、利"线索；通过实习模拟工作实景；完成面试获得 Offer；顺乎自然，"芝麻开门"。

寻觅招聘信息中隐含的"责、权、利"线索

孩子：根据我们的观察，无论是政府部门，还是高校、企业，举办招聘时面对公众的第一个动作就是发布岗位信息，就像发出一个信号。我们常常只能依靠企业的声誉、网上的评论，或

者想办法找到熟识的人来理解这些信息到底是什么意思，很多时候还没来得及完整地了解就要开始申请和选择了。

妈妈：确实，岗位信息常规包括岗位名称、工作职责、薪酬信息、对应聘者的综合能力要求等内容。

孩子：我第一个感到困惑的就是：为什么即使是同一家企业，同一个岗位，在不同年份招聘，岗位信息还会不断变化？这个时候我到底应该以什么为准呢？

妈妈：这就是为什么要对招聘信息进行不同角度观察和分析非常重要。

考虑到岗位信息与实际劳动合同所约定的"责、权、利"有一定关联性，下面按照岗位信息的一般内容、分岗位职责的模糊边界、薪酬是人才市场中"看不见的手"、能力及综合素质的内涵与外延、校正偏差的顺序开展介绍，希望帮助你们发现隐含的一些线索。

岗位职责的模糊边界

孩子：这个边界的概念从何而来？

妈妈：现代工业企业内部运行有分工存在，每项分工在企业完成价值实现过程中发挥的作用各不相同，不同岗位完成不同工作，因此不同岗位的岗位职责之间存在差异。同时，为了防范业务运行中存在的风险，还有一些岗位的设置是出于相互制衡的考虑，例如中国公司法中规定上市公司要设置监事会主席一职，而普通法（Civil Law）为法律基础框架国家监管法规中要求董事会中必须设置独立董事。不同岗位之间存在职责的边界。

孩子：每次参加招聘时，我们会看到大量的招聘海报、折页，还有公司官网里发布的各类岗位职责信息。既然不同岗位之间存在职责的边界，为什么又是模糊的呢？

妈妈：根据我的观察，岗位职责的形成在现实商业环境中存在以下特点：

1. 经验积累性

前面我们通过三维空间之间相互作用的概念分析了新岗位的来源。新岗位一旦产生，现实工作中是需要通过文字表述出来的，这往往是具体经办人员也就是人力资源部门的工作了。

像第三章提到的胜任力模型，在德意志银行这样实力雄厚的企业中，是采取成立专门项目团队的方式完成的。根据团队成员介绍，为了完成这项工作，他们需要展开行业调研，访谈销售端的客户经理、客户、监管部门，分析自己企业的产品与服务特点，甚至引入咨询公司的专业报告了解竞争对手的情况等，形成最终文字之前还要收集公司内不同业务部门反馈建议和意见，所以求职者看到的文字是所有相关者知识和经验积累而成的结果。我称之为岗位职责的经验积累性。

2. 信息时效性

进入新时代，经济在发展，技术在突飞猛进，行业在变化、细分行业在兴起，越来越多的岗位信息中包含了新的产业发展信息、行业发展信息、细分行业发展信息、企业发展信息。

在真实商业世界中，前一个时间点里的要求被提炼成招聘信息要花一些时间，等信息真正发出去以后岗位需求可能已经有了变化，大家看到的招聘信息可能只是这个岗位过去工作的经验积累。就像我们在德意志银行看到的，专业胜任力项目团队从开始对零售团队的客户和客户经理展开行为模式的研究分析，等到最终提炼形成文字，时间长达 1—2 年了。随着技术的发展和市场竞争加剧，市场中的其他参与者可以从领先者那儿获得新的竞争信息，此时市场上又产生了新的客户服务工作模式了，自然而然，岗位职责也将面临调整。不过岗位职责离不开行业特点，不同行业技术迭代速度各不相同，不同行业的岗位职责信息的时效性各不相同。

3. 外部影响性

企业的 HR 面临着对岗位信息精准理解的挑战，加上许多传统企业还处在转型过程之中，企业内部无论业务岗位还是人力资源岗位人员对于自身企业在新商业模式的定位理解也处在逐渐清晰过程之中。同时，并不是每一个企业都能通过组建专业团队的条件去梳理岗位职责，相关文字描述往往会通过个体间知识和经验的相互交流产生，所以岗位职责信息受到市场领先者的外部影响。我称之为外部影响性。

现实中这种情况随处可见。假设中国药科大学举办一场秋季招聘会，受邀参加的企业几乎都是与药有关的企业，相互之间实际可以形成一个医药产业生态圈。如果其中一家药企技术创新或者组织架构调整带来新岗位的设置，其他竞争对手往往最便捷的方法就是现场交流学习，很快可以获得相关岗位职责信息了。不过即使每家企业使用了相同的岗位名称，也不代表岗位实质性的工作内容完全相同，因为每家企业的经营情况和客户情况各不相同。

孩子：现实招聘中很多同学又不学药，还有其他实例吗？

妈妈：大家都需要买房租房，我们以房地产行业中岗位信息为例。房地产行业是传统行业之一，也是国民经济支柱型产业之一。在政府调控背景之下，房地产市场的内在结构和细分行业正在发生着巨大的变化。一方面行业集中度提升，另一方面有差异化产品开发能力、融资渠道畅通的中小型地产公司层出不穷。

此时应聘房地产行业工作岗位的求职者，所看到的岗位名称有相当大一部分仍沿袭传统岗位名称，如项目经理、工程经理、设计工程师、成本经理、电气工程师，等等。从岗位职责的经验积累性来看，这些岗位职责中所包含基本行业特点没有变化，所以大部分求职者在学校里学的专业是对口的。但是从其信息时效性来看，房地产市场的内在结构和细分行业正在发生着巨大的变化，这就需要求职者分析每家企业在行业内的经营特色是什么，结合自己的专业特长，定位目标企业。

随着地产差异化产品市场越来越大，对于综合管理性人才需求也越来越大，特别是涉及金融地产、大健康地产、娱乐地产、养老地产、旅游地产等新兴领域带来的职位变化，出现了地产金融投资经理、大健康服务医院投资运营经理、旅游地产项目运营经理、海外投资及项目开发经理等大量新的岗位。对于建筑、基建专业的同学来说，如果还具备其他相关知识，求职空间会大很多，同时建筑专业以外相关专业的同学也可以尝试向房地产企业投递简历，以寻求更大的求职空间。

孩子：原来我们所看到相同的文字背后的意义大不一样，对于不同企业来说，并不代表着完全相同的工作内容。所以，在海量岗位信息之中，如何定位到适合自己的组织，是有挑战性的。如何避免掉入陷阱呢？

妈妈：对于工作职责信息的精准描述看似是一家企业人力资源部门一项最基础的工作，实际上并不是一蹴而就的简单过程，需要全社会各个方面做出共同努力,才能帮助年轻人更好地把握对岗位信息的理解。除了政府在构建平台加强企业与应聘者之间的沟通和理解,高等教育体系的课程设置也在加快调整以应对产业的急剧变化节奏及脉络。

作为求职者自身,有一个最便捷的方法,就是充分利用现场交流的时间,多与现场的企业招聘人员沟通,这样可以减少盲目性。我参加过许多场校招,看到很多年轻的学子把简历往企业的展台上一放就走了。我在现场一般会主动和学生们聊一聊,问问具体情况。有些孩子就说,他们就是先投个简历,先与目标企业聊,等有空了再过来。个人建议就像投资银行对将要投资企业进行尽职调查一样,现场交流必不可少。对于求职者而言,是用自己的青春年华在投资自己的美好未来,在如此重要事情面前,面对现场这么多企业,为什么不多花点时间尽可能争取多访谈一些HR呢?现代年轻人喜欢用"头脑风暴"这个词形容寻找思想碰撞的机会,年轻人在招聘现场就可以完成一次又一次与不同企业的HR之间的头脑风暴,帮助自己提高判断力。

薪酬是人才市场中"看不见的手"

孩子:记得之前听过一句调侃的话:"最怕老板在应该谈钱的时候和你谈理想。"虽然我认同工作是很好的学习机会,是实现人生抱负的途径,但不可避免的工作也是重要的经济来源,而薪水更是对我们劳动成果最直观的反馈和奖励。虽然俗话说"谈钱伤感情",但如果该谈钱的时候闭口不谈,这才真的伤感情呢!

妈妈:我很高兴你对薪资重要性的认可和大方的表达。我依稀记得你在高中暑假去做英语辅导第一次拿到薪水时的兴奋。你当时给我的一个红包，妈妈至今还珍藏着。回想起来，我甚至还记得自己几十年前第一次工作拿到薪水时的情景。那种对自己生活第一次有了掌控感，自己的付出获得了实在回报时的快乐确实是不可比拟的。

孩子：的确，况且拿薪水和交税更是标志着从学生到职业人身份的重大转变。但当一开始的兴奋期褪去以后，很多问题出现了：我要如何知道自己拿的薪水是否和我的能力和我的工作成果匹配？而且我很好奇一个现象：在不同行业起薪和薪酬增长为什么会有如此大的区别？甚至有时同是金融机构，同一年毕业的都很优秀的学长学姐，也会出现有人拿的工资高，有人拿的工资低的情况呢？如果我认为拿的薪水低于我提供的价值，我要如何协商？

妈妈：要回答你的问题，我们需要了解薪酬的设计，然后我再解释为什么会出现你观察到的薪酬的差异。另外我想说的是，这些问题也可以同时在招聘现场和 HR 沟通，不同企业的 HR 都会根据企业的实际情况回答你们。

孩子：和 HR 直接沟通？可我不会因为这样被认为是贪财之徒而在职位竞争中处于劣势地位吗？

妈妈：就像你担心的这样，其实很多求职者对于聊薪酬都带有一些先入为主的负面观念。所以接下来为了系统性地帮助非人力资源专业的年轻人更好地理解"薪酬"，我用一些篇幅介绍与薪酬有关的基本概念。首先薪酬是"看不见的手"。

孩子："看不见的手"不是亚当·斯密提出的经济学概念吗？

妈妈：是的，英国经济学家亚当·斯密 1776 年在《国富论》中提出了"看不见的手"的命题。他最初的意思是，个人在经济生活中只考虑自己利益，受"看不见的手"驱使，即通过分工和市场的作用，可以达到国家富裕的目的。

在人力资源市场上，薪酬就是那只"看不见的手"，发挥着巨大的推动作用，推动人们向薪酬快速增长的行业、企业或者工作岗位流动，整体薪酬水平上涨的行业，人才跳槽及涨薪的幅度也越大。

参加工作之后，年轻人还会更加真实地感受到，不仅仅是在挑选 Offer 时，以后选择职业发展机会时，这只"看不见的手"仍将继续发挥着无形的巨大推动作用，推动人们寻求职级上的晋升，因为职级越高薪酬越高。

孩子： 这只"看不见的手"既然看不见，我们求职人员又该如何了解一家企业的薪酬是怎么定的呢？毕竟找到一份工作之后，将会有相当长时间在同一家企业里，除了入职时的薪酬，我们也很好奇未来的薪酬前景如何？

妈妈： 你的问题非常务实。的确需要提前了解一些相关情况。

首先每家企业确定薪酬水平离不开外部基础环境，具体包括：各国的关键经济指标与薪酬福利环境信息；所在行业薪酬变化趋势；调薪率与变动奖金数据；政府法定与非法定福利状况、人力资源实践状况；社会公休假日、年假规范与实践状况。对于跨国企业还需要考量根据全球职等比对不同国家间的薪资差异和依据各国消费水平调整后的薪资差异。

孩子： 原来薪酬不是想定多少就定多少呀。

妈妈： 接下来每个企业在设计薪酬水平时，都会参考企业实际情况。盈利情况、企业规模以及产品覆盖的市场范围是必须考量的内容。但是由于市场竞争环境的存在，虽然每家企业所设计的薪酬构成各不相同，但会包括共性元素。这里使用人力资源专业范畴内的概念来介绍，一般会包括以下方面：

年度基本薪资（12个月）；固定奖金；年度基本薪资；固定津贴；年度总固定现金收入；具有年度激励奖金资格的员工百分比；目标年度激励奖金占年度基本薪资的百分比；目标总现金收入；实际年度激励奖金；实际年度总现金收入等。

孩子：我们还看到员工层级不一样，收入肯定就不一样。企业中员工层级又是如何划分呢？

妈妈：企业设计薪酬水平时必然关联员工层级。每家企业对职位的称呼在招聘市场上是最具个性特色的部分，各不相同，并没有固定划分标准。根据人力资源专业领域的日常说法，一般会大致划分为以下几类：

高管层；中层/高层管理人员层；专业人员层；基层管理人员层；技术及业务支持人员层；生产及操作人员层等。

孩子：这些层级与岗位类别是一样的吗？

妈妈：岗位类别同样没有固定划分标准。我在第三章三维空间罗盘中经济空间岗位中专门进行了标注，详见图3-6。这里使用人力资源专业中对岗位的归类，这样归类在各类薪酬报告或者人员统计与分析中也会使用：

综合管理类；行政服务类；公司事务与法务类；销售与销售类；客户支持/操作类；客户技术支持类；财务与会计类；信息技术类；人力资源类；生产/操作类；工程类；项目管理类；健康与安全类；供应链与物流类等。

孩子：好的，了解了员工层级和职位的大致分类以后，我想知道每家企业的薪酬到底如何设计计算出来的？

妈妈：你要做好思想准备，下面将会遇到一些专业名词。每家企业人力资源专业人员开展薪酬设计或者年度薪酬调整时参考的基本原则通常包括：

（1）整体薪酬：各个组成部分及定义。通常包括固定薪酬、绩效薪酬、福利、国家强制性五险一金，有些单位还考量股权激励。

（2）薪酬水平的市场竞争性：中位值、分位值与趋势。分位值常见的有25分位值、50分位值、75分位值、90分位值。例如75分位值表示有75%的市场薪酬数据小于此数值，反映人力资源市场上较高端水平薪酬。50分位值又称中位值，表示有50%的市场薪酬数据小于此数值，反映出人力资源市场上的中等水平薪酬。

（3）薪酬结构的内部公平性：级差、幅宽、内部公平率。内部公平性是指在同一个组织内部不同岗位之间，通过薪酬水平，平衡不同岗位价值贡献度。市场上存在许多薪酬咨询管理公司提供评估工具进行评价。

（4）岗位薪酬：参考薪酬体现岗位价值的差异。

（5）员工个人实际薪酬：实际薪酬体现员工个人能力的差异。

（6）绩效薪酬：浮动奖金体现员工绩效结果的差异。

（7）不同岗位类型的员工所关注薪酬的不同部分。

（8）薪酬水平的市场竞争性，包括竞争对手、所处地域，不同岗位序列在市场上竞争力分析。

孩子：可是除了公务员的薪酬，我们并没有看到统一的衡量标准，在招聘时随处可见"薪酬面议"这样的词汇，感觉存在着相当大的商议空间，让人云里雾里的。

妈妈：人力资源市场里岗位薪酬的确定过程之中的确存在弹性空间。而弹性的大小主要取决于职层、个人业务成长能力、企业经营状况和与考核的关联性等因素。

通常职层越高弹性越大，职层越低弹性越小。极度稀缺人才因为难以替代所以薪酬弹性最大。可以想象，如果你掌握世界上独一无二的专业技能，你将拥有巨大的定薪话语权。

薪酬的弹性空间还表现在收入与个人业务成长能力有关。所以会出现同年毕业的同学，在毕业几年后，大家的薪酬都有所增长，但通常可以推论薪酬拿得更高的人工作绩效更加突出。

此外，对于一个企业来说，通常经营效益越来越好时，员工的收入会越来越高；当经营发生亏损时，员工的收入会降低。有时，在同一家企业内部经营效益好的年份里，经营不好的部门的员工的收入也不会和大家一起增加。

薪酬的弹性空间还表现在薪酬与考核的关联性。由于薪酬是最常见的管理和激励手段，所以绝大多数企业都会设置考核指标来与奖金挂钩。"具有年度激励奖金资格的员工百分比"一项是在薪酬设计时就会考量的一个要素。绩效突出的员工一般可以拿到超额奖金，而没有达到考核要求的员工，奖金收入一定会受到影响。同样，也会出现亏损企业里大部分员工收入没有增加，但有个别绩效贡献大的部门员工收入提高的现象。

所以你们年轻人在聊天过程中，如果听到有人说收入下降了，你得多长个心眼，进一步了解一下，是他们整个公司的员工收入都下降了，还是只有当事人所在的部门收入下降了？甚至是否是大部分人的薪水不降反升,而当事人因为个人考核结果不理想而带来的收入下降?要学会识别前提条件,否则会影响你的判断。

孩子: 你讲的都有道理,但即使了解了薪酬的弹性空间,实际操作起来依然有很大的难度。刚毕业的学生没有工作经验,对于自己薪酬的商议空间的大小更是很难以把握。

妈妈: 虽然这些细节现在看起来复杂,但最终都会体现在劳动合同的约定之中,与其事后纠结半天,还不如提前学习理解。

孩子: 那有什么办法能让自己薪酬越拿越多呢?

妈妈: 通常对于一家企业来说,薪酬水平受企业经营规模、营业收入和利润的制约性影响。我 2013 年参加了全球著名的韬睿惠悦咨询公司中国区奖励效益业务部组织的全球职位评等师培训,业务负责人授课时就告诉我们,韬睿惠悦咨询公司经过对全球包括世界 500 强企业在内的四十多万家企业的考察与分析,发现在一个企业内部,一个岗位薪酬水平取决于几大要素:岗位所需的专业知识、运营知识,对其他业务运营的影响程度、影响范围,所需要处理的人际关系的复杂程度,所需要解决问题的复杂程度,所需要承担的领导责任。

换句话说,在一家企业实现营业收入、利润价值过程中,你的岗位所需要的业务知识越精尖,对运营影响程度越深、影响范围越广,所处理的人际关系越复杂,所需要解决的实际问题越复杂,所需要承担的责任越大,你的薪酬或是整体收入就会越来越多。

孩子: 我们也知道薪酬是存在某种"叠加效应"的。个人的薪酬增长当然离不开个人的勤奋工作,但更加离不开所在企业的发展，离不开所在行业的发展，离不开所在国家的经济发展，有点类似货币原理中的"乘数效应"。这就是为什么大家都希望找到那个带有"乘数效应"的企业。

妈妈：现在的年轻人越来越理性。我们这辈人是通过自己的经历，不断反思总结之后才发现，收入增长的确存在着"当下工作岗位收入—职位发展—企业发展—产业发展—时代发展"的综合叠加效应这个特征。

孩子：央视《对话》栏目曾对劳动者的收入来源话题展开过激烈的讨论，这个话题至今仍然是人们争论的热点。在整个社会范围内，还客观存在着依靠放贷的利息为生的食利人群等，土地、租金、不动产也是财富的重要组成部分，财富来源一直是得到极大关注却没有终极答案的话题。

妈妈：圣经中有"手懒的，要受贫穷；手勤的，却要富足"的警句。现代年轻人由于成长环境的多元化，实际表现出来的经济行为也非常多元化。但正如我们所经历过的一样，相信无论时代如何变化，永恒不变的核心是：劳动和行动是创造财富最可靠的保障。

能力及综合素质的内涵与外延

孩子：坦率地说，招聘信息中对于应聘者能力及综合素质方面的要求描述所使用的文字，诸如吃苦耐劳、手脚麻利、有责任心等，内涵大同小异，不过外延似乎是没有边界的。

妈妈：这的确是事实。就以妈妈自己为例，经历过金融与医药两个较为不同产业的转换，很难说自己的能力与综合素质就是一成不变的。也正因为外部经济、环境和个人内在的变化天天在发生,能力和综合素质的提升实际是永无止境的。准备应聘的年轻人都要知道,没有一个单位在校园招聘时会期望你像熟练的职场人员那样立即挑大梁,他们更看重的是你未来的发展潜力和面对不确定情形时的定力。发展成熟的企业往往会安排出专门人员和时间或者通过轮岗等项目帮助你适应未来工作要求的。

需要理解的是,对员工能力不断提升的要求来源于企业对于追求业务持续增长同时降低成本的需求。员工的基本工作目标一定包含维持业务增长和有效控制成本,这不是一家企业的老板拍脑袋决定的,而是企业发展遵循的商业规律决定的。例如一个企业降低成本有很多途径,比如规模生产、技术更新、机器生产和精益管理等,其中需要通过员工的综合能力完成的是质量管理和精益管理。由于企业控制成本提高产出的目标是永远存在的,所以对在岗人员的能力要求也是永远没有止境的。

再举个例子,对于销售岗位,核心诉求是为客户提供更好的产品和服务,除了需要服务客户的专业知识,还一定会有签单数量、客户数量等经济性定量考核要素。无论这些岗位称谓如何变化,不变的是不断通过提升产品和服务开拓客户的努力,从而获取来自客户的经济收益。这是经济要素空间里各类岗位的核心职责所在,客户的多元性必然带来对于客户岗位从业人员综合能力的要求的多元性。

孩子:我明白了,原来企业注重对员工能力提升的培训,是源于为了维持业务增长和成本控制,实现企业保持竞争力的目标。那么作为求职者,我们可以根据个人的优势,有侧重性去尝试提升锻炼自己。

妈妈:企业和个人之间所需要的学习和成长是相辅相成的,

如果可以互相"赋能",就可以实现共赢。

校正偏差

孩子: 我上学的时候还曾经担心得不到足够的招聘信息,可开始找工作才发现,每天都面临各个平台的大量招聘信息的狂轰滥炸。这些信息来自微信、微博、QQ 这样的社交网络,专业求职平台,比如专业 APP 和学校组织的招聘会,以及来自熟人和同学的推荐。按理来说我应该高兴,但我却发现这些招聘信息都大同小异,而很多真正可以区别企业的内容却没有被披露。我无法有效地区分这些信息,因此很难锁定最适合自己的机会。这怎么办呢?

妈妈: 确实,招聘过程中的信息不对称似乎永远存在。需要知道的是,目前这种匹配的困难是求职者和用人企业同时面对的。现实中由于求职者的数量庞大,求职者投简历、企业筛选简历、通知面试确实是最快捷的方法,但这时常会让双方都错失深入了解彼此的机会,这个现象在一场模拟招聘会上让我感触最深。那个时候我作为中国药科大学中药学院"远志"综合素质提升班的成长导师,应邀参加了中药学院为大三和研二同学举办的模拟招聘会。学校还邀请了一些老师和其他企业的八位业务专家一同担任模拟招聘官。在现场每个学生除了自我介绍之外可以接受在场八位模拟面试官的提问,同时也可以向八位模拟面试官提问。恰恰是提问互动的部分帮助学生和老师们校正了对企业内部岗位的认知,在校同学对寻找目标企业也有了全新的理解,成为当天模拟招聘会最有价值的部分。在现场交流中大家都意识到了传统招聘模式的局限性:学生们发现自己所理解的岗位与企业的实际情况相差甚远;现场模拟面试官则发现仅仅靠简历信息和简单问答来筛选候选人将错过太多优秀的学生，因为许多同学的能力与综合素质方面的优点是需要通过长时间多维度互动才可以发现的。

孩子：所以说你参加的这次模拟招聘会其实就像一个迷你版的实习，由于双方接触的时间更长，沟通维度更多，所以无论招聘者还是学生都获得了能帮助自己判断的宝贵信息，从而找到最合适自己的岗位和人才。

可毕竟这样的模拟求职会的存在是少数情况，对于大多数求职者来说传统的求职途径是唯一的方法。那理解了问题存在的原因以后，我们要如何在这繁杂的信息海洋里精准地锁定适合自己的岗位呢？

妈妈：就像你所说的，既然大部分求职者和企业都无法脱离目前的模式，那么大家可以做的是在实践中校正招聘信息里的偏差，其中最直接的方法被称为"职业社交"（Professional Networking）。求职者对于招聘信息的初步理解，就好像是实验中通过基于间接方法分析得到的初步结论，还需要进一步把它放在真实环境中去验证其合理性。这个时候，通过认识目标企业中的职场人并和他们建立联系，是一个很有效的校正偏差，帮助自己辨识招聘信息的方法。

孩子：请教同专业的校友是不是也是一个有效的办法？

妈妈：的确，咨询校友是对初步分析结论进行验证的有效方法之一。企业在校园招聘时，往往也会带上这个学校毕业的在职人员，让他们以亲身经历来为现场同学解答疑惑。越来越多的企业都会对在职员工设立推荐奖励政策，鼓励在职员工推荐他们的校友参加招聘，所以与学长们的互动需要加强。

孩子：还可以做些什么方面的职业社交？

妈妈：我推荐参加行业论坛或者专业会议。现在的行业论坛和专业会议非常多，而且都会向全社会开放。与会的往往包括这个行业里"政产学研"领域中最热门的专家、企业家和政府官员，交流的主题往往围绕市场中现实存在的难点与热点。在这样一个"政产学研"各界专家思想火花碰撞的场合，你可以了解到本书 MGP 细分产业罗盘、LEG 企业筛查罗盘、匹配原则罗盘以及三维空间罗盘提到的与市场机会、企业发展前景相关信息，对前面分析得到的初步结论进行验证。

还有一种职业社交，叫"Information Networking"，直接翻译为信息社交或者信息访谈，是美国求职者经常会使用的一种了解自己感兴趣的行业和企业的方法。根据加州大学伯克利分校学生职业中心的定义，信息访谈是"与在你感兴趣的领域工作的人员进行的非正式对话。它是一种有效的研究工具，最好在初步网上调查和研究后完成。这不是面试，目的不是找工作机会"。这种非正式访谈通常持续在 20 到 30 分钟以双方一起喝咖啡或者通电话的形式进行。通过信息访谈，求职者可以加深对目标行业和企业的多元了解，特别是可以了解企业文化、行业动向和小组关系和谐程度等无法在招聘信息里直观地了解到的内容，同时建立起和目标企业在职人员的关系。而如果正巧职场人在对话过程中对你青睐有加，他们也会自然而然地把你列入目前或者未来的职位的候选人名单中，所以这是有益双方的活动。当然，需要考虑到，直接向对方发校友邮件或者领英（LinkedIn）消息是美国职场一个广为接受的方法，但这样的联络方式并不一定在我们文化的所有场景下都适用，所以要酌情使用。

孩子： 在了解了这么多职业社交的工具并进行实际操作以后，我发现不同工作背景的人，对同一个问题所反馈的信息相互之间还会存在矛盾。那到底以谁的意见为准呢？

妈妈： 非常正常。在学术界，大家提倡"百花齐放，百家争鸣"。对同一个理论，不同的人理解角度不一样，结论自然也不相同。

所以我们用多种方法开展分析，用多种方法进行验证，找到最能说服自己的答案。寻找工作之路需要不断努力来帮助自己更加接近真实情况。这个过程，妈妈觉得有点像医药行业的"精准医疗"的理念。每一个个体情况不一样，解决方案一定是具有个性化特征的，而不是一个方案的解决所有问题。所以需要具体问题具体分析。

孩子： 我还有一个很重要的问题，如何看待企业的负面信息？

妈妈： 信息多了，自然而然一定有正面信息也会有负面信息。就像前面反复提到的，对于同一个事物，每个人的感受不一样，理解不一样，结论就不一样。对于在找工作的人来说，需要学会具体问题具体分析。不单是负面的信息，对于所有接收到的信息，都要通过进一步的研究和社交去确认或者校正，而不是直接当作真理去相信。在真实的商业世界中，往往一个企业的最高层在决策时，听不到相反的意见是不会进行决策的，其内在逻辑是没有相互矛盾的意见说明信息的采集还不够充分。

同时你们还要学习接受一个现实：一个企业就像一个人一样，每一个人在成长过程中都会遇到成长的烦恼，同样，每一个企业在成长过程中也会经历成长的烦恼。古罗马城墙上刻着的

"雅努斯"的雕像，一面朝向过去，一面朝向未来，就像我们在第二章"从自我认知探索开始——象与骑象人"所说，每个人本身就是矛盾的对立与同一。象与骑象人是要在矛盾之中寻找统一和解之道，没有完美的人，所以也没有完美的企业。有了这个心理准备，你就可以更加心平气和地去客观鉴别企业。

通过实习模拟工作实景

妈妈：在通过职业社交缩小了想去的企业的范畴以后，还可以通过实习帮助验证前面所提到的多方面内容，包括行业、企业成长性、部门工作节奏、企业文化的和企业对于胜任力的要求等。

孩子：从个人体会来说，实习最大的好处就是可以通过在实际工作岗位工作帮助我理解行业和细分行业，认识真实的企业运营和体验岗位，从而帮助我更精准地评估自身在劳动力市场上的竞争力和发展方向。

妈妈：这是你通过辛苦实习工作得到的直接收获，而通过你给我的反馈，身为招聘者和母亲的我还意识到了一个很大现实问题，就是学生对于未来劳动关系将要承担的法律责任和义务没有概念，找工作时似乎还寄托了不切实际的幻想，而实习的经验一下子将年轻人推向承担法律责任和义务的现实。

孩子：是呀，我们之前也很难有这个概念。不仅仅是父母和家人，社会的普遍认知也都是把在校学生看作"孩子"。加上本身年龄和经验的限制，让我们很难适应。

妈妈：在人力资源体系里，劳动关系包括劳动合同、福利、职业保护等内容，而且"劳动关系"背后隐含了一定的"强制性"，相比之下家庭和学校没有这种"强制性"，这其中的转换必然会给你们带来一个巨大的心理落差。需要给你们时间和空间去适应，而实习应该可以成为这样一个有效的"过渡性空间"。

另外，越来越多的企业也体会到招聘成效低下将给企业带来成本的增加和对企业作为雇主声誉的负面影响，所以他们更加愿意接受大三和硕二的学生提前到岗实习"培养感情"，以确保未来的契约履行质量。

孩子：太好啦。高等院校每年秋季就开始为次年夏季毕业的毕业生组织各种招聘会，有集会式，有企业专场式。看来学弟学妹们最好多去参加这些招聘会，早点儿争取实习机会。

妈妈：完全支持。

孩子：为什么有时会看到企业"急需英才"的情形呢？

妈妈：这个时候可能需要格外小心。一定要当面问问企业的HR为什么是"急需"？是外贸加工单位临时接到一个订单？还是原有岗位的人员离开？

通常情况下，一个正常运行的企业即使原有岗位人员离开，靠"急招"也是无法满足业务运行的。这是否从侧面反映出这个团队的管理存在缺陷？如果求职过程中碰到类似情况，一定要慎重对待。毕竟人的青春是最宝贵的财富，如果刚走进职场就误入一个经营有重大问题甚至不合法的企业，除了价值理念和工作方式容易被扭曲，可能还会背上不良信誉，影响未来的发展。

完成面试获得 OFFER

孩子：经过了妈妈的种种分析、验证，我明白了成功锁定目标岗位，进入面试最终还是需要自己的实际行动，向心仪公司投递简历，积极参加各种职业社交和招聘会。正是因为要经过了这么多努力才能拿到心仪岗位的面试机会，让人觉得压力大，生怕面试准备得不充分而错失机会。

妈妈：是呀，看到孩子进入面试，当家长的自然非常高兴，不过在高兴的同时也替孩子感到紧张。就像你说的，基本上所有的工作机会都需要通过面试这一关，所以面试至关重要。事实上，我在十几年的人力资源工作中遇到年轻人提问最多的一个问题就是"什么是最有效的面试"？

孩子：我也一直好奇这个问题。

妈妈：高效的面试离不开面试的技巧，而幸运的是，这些技巧是可以通过练习掌握的。妈妈这里想和你分享一个非常有趣的现象。

一方面，为了帮助企业为了招到更好的员工，HR 每年花费大量的时间和经费培训面试技巧，期望通过与应聘者短短十几分钟的沟通，就能够看透一个人，一次性实现精准的识人、用人。

另一方面，像你这样的应聘者也在拼命学习面试技巧，期望可以在面试中，扛得住面试官提出的各种问题，顺利拿到心仪的 Offer。

孩子：就像矛和盾，双方都在拼命寻找破解对方招数的诀窍。

妈妈：是的。在面试了上万名应试者之后，我的观点是学习绩效和准备程度是最好的试金石。与公司 HR 沟通的一个维度是真实的学习能力和实践能力，这是获得企业青睐的基础。另一沟通维度关键看当事人对即将应聘岗位以及企业发展可能出现的变化是否有心理准备。

孩子：的确是的。记得您教过我，即使抛开所有的技巧，也一定要记得最重要的部分——真诚和负责任。

妈妈：是的。要相信大部分的招聘者会像我一样，本着为企业大局负责任的原则，运用自己的专业技巧识别出适合自己的企业人才。在这样的情况下，本着为自己的未来负责任的原则，坦诚沟通，才可能让需求和供给成功配对，获得适合你的 Offer。

孩子：经过您这么一说，我确实感受到在面试的这件事情上，面试官和面试者都是在为"把合适的人匹配到合适的岗位上"这一共同目标而努力，所以坦诚面对彼此也是对自己最负责任的选择，毕竟如果通过了面试但最后去了一个很不适合自己的岗位也会让日常生活变得非常痛苦。

妈妈：很高兴你理解了这一点，同时作为年轻的应聘者，需要意识到的是，如果你可以把目光放得更加长远，真实表达你对岗位的认识和接受培养的意愿，愿意克服困难的程度以及愿意接受的薪酬范围，将会帮助 HR 了解你，并最终最大程度地帮助自己。

事实上，在面试环节，优秀的招聘人员的大脑中已经在考虑你的未来发展以及其他可能适用的岗位。一个企业面向校园招聘的岗位是它阶段性运行所需要岗位中的一部分，其他的岗位机会伴随着公司内部的人员提拔、横向交流、退出的过程不断涌现。

在我经历过的许多校园招聘现场中，常常见到企业方的 HR 在与学生沟通一段时间之后说："我们还有某某岗位，建议你考虑。"此时学生的反馈往往是"不考虑了"。我就这个现象咨询过许多在校学生，绝大多数学生在听了我对岗位信息的分析之后觉得自己愿意考虑其他岗位，但是在对企业的内部运行特点没有概念之前不敢答应，这样无形之中也许就错过了很多机会。

之前提到的中药学院模拟招聘现场，一名同学很真实地介绍了自己对专业的理解以及所开展的相关研究和学术活动之后，现场的面试官们与她进一步交流了专业观点，一致认为她适合另外一个关于研发项目管理的岗位工作，就有在现场的企业业务负责人向她表达了收录意愿。由于模拟面试官的现场讨论，无形之中对于一种学生没有听说过的岗位进行了"信誉背书"，帮助那个同学确立了选择的可靠性。

孩子：我们还发现，有时校园招聘时的岗位信息到了次年的春节前后会发生变化，会出现一些新设立的部门和岗位，但是招聘活动是有时间限制的，往往导致应聘者与相匹配的岗位失之交臂。

妈妈：是的。校园招聘由于学制时间的特定阶段影响，往往在大四和研三的秋季学期就开始了。而在企业实际运行过程中，无法做到事事按部就班进行，可能由于次年突然出台的监管政策的变化，导致原有的工作计划需要调整。秋季校招录用的人员入职时间往往在次年七八月份，这样就会出现岗位安排情况变化。解决方案建议是尽早去所挑选的公司实习，提前了解企业内部完整的岗位分布状态，因为在公司内部了解到的信息一定是最新信息。在实际工作中常常遇到拿到公司 Offer 的同学，想抓紧时间旅游一下，这很正常。但在条件允许的情况下，还是建议尽早进入企业实习，这样在外部环境不断发生变化的情况下，你应对的主动性会更强。

"芝麻开门"

孩子：真不容易！经过识别、评估、投出简历、参加实习、积极面试、多次面试被拒再面试，终于可以锁定一份 Offer 啦！这下我真心体会到虽然行动不一定带来结果，但只有行动，一切才皆有可能。不单是我，我的朋友们都同时拥有好几个 Offer。终于等到了这个"权利反转"由我来挑选的时刻，到底要如何选择呢？

妈妈：首先祝贺你们拿到了职场的通行证！经历了三十年的职场生涯，更换了跨越两大行业的三份职业之后，我回想起漫漫职业长河中的第一份正式工作，就好像阿拉伯故事集《一千零一夜》中阿里巴巴打开宝库大门时的口诀"芝麻开门"一样。

孩子：此话怎么说呢？

妈妈：在这个故事里，大家都知道宝库里满是金银财宝，但在打开宝库之前没有人知道具体是什么。职场也是一样，只有先开启宝库的大门，才有机会进入宝库并发现里面的财宝是什么，而且最重要的是，这时候人们才会知道自己最想要什么，并且才有能力识别宝库里什么是最适合自己的。

孩子：是否可以这样理解，我们手里的 Offer，无论是哪一个，其实都是开启某个宝库大门的钥匙，而打开宝库以后还需要我们后续不断地评估和分析什么是自己想要的。所以要用长远的眼光去分析这个 Offer 未来的可能，来帮助此刻的决策？

妈妈：是的，为了帮助你决定选择哪个 Offer，我觉得需要首先了解如何做到入行先入门，以及如何通过自主学习转向最适合自己的岗位。

首先，入行先入门，我们先要了解初始岗位和岗位生态圈的动态关系。

无论处于职场的什么阶段，都不太可能出现天上掉下来一个满足你所有要求的完美职位的情况。往往手里的 Offer 只能满足我们一部分的诉求，这时候年轻人就容易陷入纠结和矛盾之中。可当你把镜头从微距拉升到广角时，会发现虽然工作机会不尽如人意，但只有通过第一份工作进入这个企业，才能进入并理解这个企业所处行业的生态圈，在这其中找到更多的发展机会，不断把自己的职业生活打磨成自己喜爱的形状。

一个时刻包含着下一个时刻。只有把此刻的一步走好，才会开启下一个时刻里更多的机会和精彩。无论是戏剧、小说，还是电影、交响曲，都要有第一幕、第二幕、第三幕的铺垫，才能迎来高潮和辉煌。同样的，第一份工作代表了你拉开了序幕，一方面当然要慎重选择，但另一方面要意识到未来的剧情如何发展还有待于你的进一步探索和学习。了解到这个现实以后，就会明白既不需要在一次抉择上给自己施加过多的心理压力，更会明白无论做任何选择都没办法拍拍手一劳永逸。

以律师为例，随着经济业态越来越多元化，社会分工越来越细，企业也多种多样。律师行业内部也开始精分市场，有专门从事公司并购的，有专门从事证券与资本市场的，有专门从事银行与融资的，有专门从事商务合规的，有专门从事争议解决的，有专门从事知识产权的。对于大学毕业生而言，这其中的区别一开始很容易让人眼花缭乱。其实即使接受了并购的工作机会，工作起来发现自己其实更喜欢知识产权领域，也不用着急，因为只有进入一家律所，才有机会发现行业生态圈的发展机会，也才可以在未来找到了更适合自己的岗位。

孩子： 那通过入门找到最适合自己的岗位以后，要如何有效地做出调整呢？

妈妈： 那就要了解自主学习对职业发展的重要影响了。后面我们在第八章讲到重新定义工作的意义的时候将展开详细分析。

我经历了从医药行业到金融行业再回到医药行业的转换，这背后是以每日大量的自主学习为基础的。二十多年前，我刚开始在银行上班时，如果你半夜醒来一定会听到我练习算盘和点钞的声音。除了每晚在家学习应考资格证以外，我感到自己当时之所以那么快就能上手，也离不开白天的辛勤工作和与领导同事积极的沟通，而这个感受后来在德意志银行法兰克福总行进修的时候得到了印证。那时候的德方培训老师告诉了我这样一个关于学习的理论：一个职场人70%的学习是通过工作完成的，20%的学习是通过会议和他人的互动完成的，只有10%是完全通过书本完成的。

孩子： 俗话说，隔行如隔山。您这样表面上看似轻松地切换，其背后的辛苦我作为孩子最能了解了。不过相对应地，您也因此收获了巨大的知识储备和幸福。您不仅通过对跨界知识掌握完成了博士论文，如今又可以通过著书的方式把经验分享给刚入职的我们。所以终生学习也是我们年轻人将面对的一条必经之路。

妈妈： 当然这个过程中也少不了家人的支持，对于这点我非常感恩。网上曾经流传乔布斯的观点：人生可以拥有五个球，信仰、家人、兴趣、健康和工作。这五个球里只有工作是一个橡皮球，扔下去之后还会再弹起来，而其他四颗球是玻璃球，扔下去就碎掉了。

第一份工作是人们职业旅途迈出的第一步。就像之前所说，在所有工作里最好的那个，即使不能完全满足自己的职业需求，也可以先选择，从而入行寻找新的机会。另外，并不是拿到一个工作就一劳永逸了，职业旅途的精彩还需要自己持续努力，通过不断学习、探索和发现，将职业生活调整成为自己最想要的模式。

孩子：总之，这就意味着，无论遇到什么情形，都需要不断进行识别的训练，提升判断的能力，定期进行自我供给需求评估，与外在各种人文和社会环境保持积极互动，才能拥有更多的发展机会。对吗？

妈妈：是的。决策是一门艺术，不仅需要智慧和理性，更需要正确的方法、判断和决断的结合。再多的工具只是帮助自己提出假设，最终需要自己的思考和实际操作去验证。

渐入佳境篇

第五章
缄默的职场惯例

子贡问曰:"有一言而可以终身行之者乎?"
子曰:"其恕乎! 己所不欲,勿施于人。"

——《论语·卫灵公》

妈妈: 美国通用公司前 CEO 杰克·韦尔奇在任期间,将通用的资产从 50 亿美元发展至 300 亿美元,被视为商业世界最优秀的 CEO 之一。当他被问及成功的经验以及用一句话来概括自己最主要的工作时,他的回答是:"把 50% 以上的工作时间花在选人用人上。"他同时承认:"其实,即使我花了这么多时间在选人用人上,我选人的成功率也不超过 60%。"

进入职场的年轻人需要明白的第一件事就是任何一个组织文化都离不开对人的关注,识人、用人是每一个组织肩负的管理使命。

孩子: 那是否意味着,刚走出校门的年轻人就已经进入了被关注、被选拔的情境?

妈妈: 也没有那么着急。在职场上,对于刚毕业的年轻人,大家都清楚需要花半年至一年的时间帮助他们完成从校园到职场的角色转化。当然，他们肯定希望年轻人的悟性高一些，适应时间越短越好。

孩子：在学校学习时，目标是非常清晰的，那就是学习知识，并通过考试等考核方式进入自己心仪的学校。在清晰的目标的指引下，需要执行的任务也很明确，就是通过适合自己的学习方式去花时间学习并掌握知识点。而相比之下，职场里的目标则复杂得多了。尽管可以粗略地把大家的目标都归于一个模糊的定义——拥有幸福，但每个人对幸福的定义不同，利用职业达到幸福的方式也不同，而这一切选择更是会因个人在不同阶段的不同认知状态而有变化。在这些模糊的职场目标中，即使只看一些最基本和简单的目标，例如有好的工作表现，让领导欣赏，达到目标到底需要什么样的努力也让人困惑。

妈妈：挖掘人才、发现人才是每一个在组织内部担任中高级管理人员的重要工作职责。不错过每一个优秀的人才是核心层真正想要的。许多公司的董事长或者 CEO 都会亲自为参加新员工培训的年轻人讲课，传递企业的愿景、使命、价值观等理念。在他们心目中，刚走出校门的年轻人就是一张白纸，所以一开始就要传递出所在企业的正确经营理论。虽然对于刚参加工作的年轻人来说还不太明白这些理念的真正意义是什么。

所有企业都需要员工的激情和专业贡献，所以进入职场的年轻人需要证明自己是一个人才，就需要展现激情和专业贡献。

孩子：但我觉得事情还不只是这么简单。往往人们入职后会发现并不只是遵守公司所有规章制度，完成所有布置的任务就可以得到同事和领导们的认可。获得认可需要做的事情仿佛远多于工作本身，但我也说不清楚具体是什么。

妈妈：是的，表面上，也许你会看到有人勤勤恳恳地加班加点持续好几年却总不被赏识，而有些人则看似轻松却左右逢源、不停地升职加薪。这种表面上的不公平其实是来源于一个看不见的能力——对于缄默的职场惯例的熟悉和运用能力上的差异。

为什么说是"缄默"的职场规则呢？因为不同于白纸黑字写在课本上的物理公式和英文语法，很多职场规则更像是大家都知道但都不说的秘密。一个单位在其长久运行过程中沉淀了一些大家约定俗成的言行标准，"只可意会不可言传"，似乎更希望靠年轻人自己去"觉悟"，所以我把这些定义为"缄默的职场惯例"。

其实，正因为只有知晓这些秘密的人才可以利用它保持竞争优势，分享就代表了这种优势的稀释。所以很多年轻人在进入职场以后都只能靠自己在多年碰钉子的过程里摸索出这套规则。而这些秘密不仅仅存在于单位内部，而且还广泛存在于职业交往的各种场合，小到如何有效地通过会议和邮件沟通，大到如何知道晋升的时间点，如何对上司进行期望管理等，这些在新员工培训的短短几天之中的确也无法领悟到。

还有一个需要解决的实际情形：入职以后的年轻人，不仅仅需要面对自己的同事，可能很快就会被单位派出去面对客户，特别是大客户。既然是大客户，则一定是更加规范、要求更加严格的组织，客户所在单位约定俗成的言行标准，不知不觉会影响客户对他人言行标准的预期。如果应对不恰当，就会影响客户对自己的评价，甚至失去客户。所以对于工作能力和投入相当的人来说，能否获得更好的评价，能否得到更高的薪酬和争取到更好的发展机会的区分点就在于这缄默的职场礼仪中。而这一章节就帮助大家了解这重要的职场规则。

孩子：可以学习到这样的知识那真的是太棒了。走进社会以后真切感觉到与每一个职业角色，甚至与每一个人保持"合理关系距离"真的是一门艺术。但既然这些职场惯例这么多样化，有些又只针对特定的情景和文化，我们又如何在有限的时间里学习掌握呢？

妈妈：这个问题确实很重要。正因为惯例如此多样化，为了方便学习和使用，我把这些惯例分成以下几类：

第一类是自律的行为，这是每个人都应该做到，做不到会造成不良影响的内容。具体包括了守约、服装和谨言慎行。

第二类是灵活应对的行为，是根据你做的程度好坏评定，做得越好越加分的内容。具体包括会务准备、邮件处理、工作成果展示、出差、处理"批评的声音"、避免玻璃心、集体活动和端茶倒水。

第三类是自我风险管理的行为，是很少有人会意识到，所以做到了会让人刮目相看的内容。具体包括了信誉管理、合规管理、危机管理、自主决策、应对酒桌文化与骚扰。

一千个人眼中就有一千个哈姆雷特，对不同的行业和岗位，更加细则的职场规则也没有一个简单的标准答案，需要大家经过观察、讨论、体验、思考之后，获取属于自己的答案。

自律的行为

关于守约

妈妈：虽然弹性工作时间越来越被广泛接受，但是在参与客户商务会晤、公司会议、完成直接领导布置工作的时候,守时守约依旧是判断诚信程度的一项重要指标。守约的行为并不会得到即时的奖励,但是不守约却会破坏你的个人形象。

孩子:如果遇到对方提出的时间或要求我无法做到的情况怎么办呢?

妈妈:守约并不代表一方提出的条件另一方需要无条件地遵守。

以上班考勤为例,如果出现你无法按时到达的情形,你可以事先向直接领导通过电话或者短信请假,说明一下不能按时到达的原因。这样做的效果一定好过你什么也不说,但又无法准点到达。

另外,如果与客户约见面时间,协商过程之中需要坦诚沟通,防止出现在事前沟通时什么都不说,或者不对是否能遵守约定的时间作充分评估,就随口答应的负面现象。

孩子:可是有些时候遇到交通拥堵等突发事件难以准时赴约怎么办?

妈妈:所以说一个看似简单的遵守时间,其实同样需要周密安排呢。例如事先约定了商务会晤的时间,赴约之前应该充分预估到达约定地点所需的行程、交通工具以及可能出现的状况。由于雨雪大雾是最常见影响交通的不可抗力因素,为此还需要关注当地的天气预报。同时需要评估所处的季节、地理位置等因素。虽然表面上临时调整会晤时间并不会引起立刻的、直接的经济损失,但是你个人甚至公司的信誉度都会大打折扣。

孩子:我们刚参加工作,这样的要求未免太高了一些吧?

妈妈:不然。纵观各个行业和各国文化,对于早九晚五的职业人员来说，上班准时往往被视为是基本要求。虽然看起来有点苛刻，但往往领导和同事都会认为，连时间都管理不好的人，如何承担更重要的管理责任，如何带好一个团队？

对于经常接触客户的人来说，你在客户面前的一言一行代表的是你的公司。客户因为需要才选择使用你提供的产品和服务，他们是可以随时改变自己的选择的。你一个不经意的迟到，在客户那里可能引发你们公司专业性不够、对于这笔业务的不上心等负面判断，从而带来断送合作关系的巨大风险。不仅对于公司利益有损，更有可能对你在公司内部的职业发展造成负面影响。所以不要小看了守约、守时的重要性。

孩子：但对这些守时细节的要求是否对初入职的人更加严格呢？因为刚开始工作考核的标准比较简单，所以对这些方面特别在意？而之后就可以稍微放松？像有时候大牌明星就会迟到。

妈妈：在很多人的印象中，影视、体育和艺术表演行业中大牌明星似乎享有迟到的资本，不过你可以发现，遵守约定的明星职业生涯更持久。

不单单是这些行业，其实职场中也同样有明星员工存在。客户是企业生存的根本，所以可以拿到巨额签单的员工往往会被特殊对待。年轻人如果观察到某个员工依仗功劳放松了职业行为规范，甚至横行跋扈，就容易误解，认为品德可以在功劳面前妥协。但大家往往忽略了复杂的社会里最具有魔力的变量，那就是时间。经常得到特殊照顾的员工，如果懂得珍惜更加精进自律，职业发展会更加突飞猛进。但如果目中无人，忘乎所以，时间长了必然无法为大家所接受，一旦特殊待遇被取消，就会感受到更大的不适应。

所以把眼光放到职业的长期发展上，时刻规范职业行为，认真履行每一个需要遵守的约定是职场人需要有意识培养的良好工作习惯。

孩子：怪不得我的一位同学告诉我，他去心仪的公司面试现场感觉回答得很好，结果被拒了。他因为不甘心，发邮件咨询HR，结果得到的反馈是他对专业的理解确实相当出色，但是他那天迟到了 5 分钟，所以面试官就没有同意发 Offer。

妈妈：人们常说，细节决定成败。年轻人很容易会以为只有在自己主观判断认为重要的场合和重要的人面前才需要注意细节，而其他场合就可以放松懒散，殊不知看似无关紧要的细节也会带来负面影响。

孩子：那我一定要找个时间管理软件，注意把每一个约定的时间都记录下来，再设定一个提醒功能。

妈妈：守时是守约中一项，我们还要把自己规范的行为扩大到其他各种商务场景下的遵守约定。

例如对于领导交办的工作，需要与领导主动沟通，对于可能遇见的困难要充分评估，与领导约定递交工作成果的时间。一旦双方达成约定的时间和结果，则一定要遵守约定。工作中遇到过很多年轻人，口头答应得很好，但实际上没有充分考虑到项目需要的时间和资源，导致到了约定时间，要么无法完成，要么无法保证工作质量，要么无法把控工作整体效果。这个时候如果不去修正，反而找出很多理由来解释搪塞，会给领导和同事留下很不好的印象，这些都是职场中需要避免的。相反，如果一开始就预判到由于各种因素的限制而无法按时完成，你可以即时向领导反馈，有效地管理领导的期待并要求更多的资源或者延长期限，这会让事情的推进更加有效，也让自己的职业声誉得到了保护。

要注意的是，好的职场习惯在起步的时候是最容易养成的，所以要抓紧时间练习。可惜有些人在职业的初期没有得到适当的引导和培训，形成随意的工作习惯，从而在自己的职业发展道路中摆放了很多无法跨越的障碍物，等到职业中后期才有所发觉的时候已经很难改变了。

关于服装

孩子：工作以后我常听到同学抱怨不喜欢穿正装，不仅每天要搭配衣服，而且干洗西装又贵又麻烦。虽然这些我也赞同，但我自己还挺喜欢职业装带来的正式感的。穿着西装自己不仅看起来有精神，而且在重要的会议和演讲中感觉上更有斗志。不单是金融行业，很多不同的行业都对职业服装有所要求。外出旅行时，我会格外留意飞机上空姐、空少制服的颜色、搭配和款式，他们的制服有时会一下子让我对他们航空公司，甚至他们国家的文化都有好的第一印象。

妈妈：的确是的，很多行业，尤其是服务性行业，都会有其特色的职业服装。当然，服装与形象的关系是一门专门的学问，市面上也有许多视频和书籍介绍这方面的知识，我这里只从 HR 的角度提示一些基本原则。

首先，服饰方面最基本需求和原则是整洁和干净。对于刚参加工作的年轻人来说，自身收入还不高，所以服装的核心是整洁和干净而不是昂贵。我在德意志银行总行的培训中就了解到，在欧美企业中，如果年轻人过多使用奢侈品、佩戴奢华珠宝反而容易带来负面印象。

另外，整洁、干净本质上也是一种自律的体现，而这种自律的优秀品德可以通过服装有效地让他人第一眼就感知到。同样的，宿醉、熬夜、不洗澡、不保持个人卫生带来的憔悴和油腻也可以一眼就被看出来，这种状态下哪怕身着昂贵服装，仍然会透露出不专业、不负责的气质，所以服装保持专业的同时也要匹配上自己健康的生活习惯。

孩子：我还观察到在公司的大型会议里，高层领导围的颜色鲜亮的丝巾或者放在西装外套口袋里搭配领带颜色的方巾确实既吸引大家的目光，又显得得体，但如果我去做是否就是"东施效颦"呢？

妈妈：你说的这个现象很值得注意：即使同是一个行业，不同机构对于不同部门、职位、级别的员工要求也不一样。所以一个简单的方法就是观察。在一开始的调查以后，通过入职以后观察同事来慢慢调整。如果大家都穿得特别讲究，而你在基础款上可以逐步做加法，例如女生通过把平底鞋换成高跟鞋、开衫换成西装外套，男生通过打领带、系袖扣等方式确保自己和大家穿着一致。反之，如果大家都随意，那就做减法。

孩子：好的，我会选择整洁干净的职业装，并在工作日里保持健康稳定的生活习惯。但同时我也想问，如果大家都穿得一模一样，那就好像工厂流水线生产的产品一样毫无新意。如果我想要通过服装的选择表达自我，这个时候需要注意什么呢？

妈妈：你说的目标是一个值得努力的目标，不过要知道这中间的度确实比较难掌握。脱颖而出一旦处理不好就变成肆意张扬。这里的原则是，只要心里有一丝丝不确定，那就不要穿，无论这不确定是关于衣服的颜色款式或是长短。牢记职业装的目的在于展现你的职业精神,如果你的听众把关注点放在你的衣服而不是你要说表达的内容上,就是失败。

在得体的前提下,有时其他部分保持不变,只通过某一件衣服材质和颜色或者一个饰品的稍许不同就可以让人眼前一亮,这样既避免看起来"像是从同事身上复制粘贴下来的"的尴尬,也避免了大刀阔斧的改变带来的突兀感。

关于谨言慎行

孩子: 谨言慎行是不是意味着不该说的话别说?但我们刚入职很难确定什么是不应该说的,那更安全的方法是否是少说话或者干脆不要说话?

妈妈: 年轻人最大的特点之一就是充满活力,不喜欢被拘束。而企业的进步很需要年轻员工创新的动力和积极的反馈,所以我们此处所指的谨言慎行一定不是成天沉默不语的状态。这里的谨言慎行主要是指不要闲聊和抱怨,更不要势利眼,要友好平等地对待各类职业背景的人。

往往容易被年轻人忽视的是避免闲聊和抱怨的重要性,特别是如果公司里不少人都在抱怨公司的不是或者聊同事、客户的小道消息的时候。

孩子: 那办公室里大家都在闲聊是非或者抱怨的时候,如果我不加入,仿佛显得不合群。

妈妈: 如果可以转移话题,那就聊聊新闻、电视剧、球赛、旅游见闻。如果无法转移话题又无法立刻脱离谈话的现场,那就微笑不发表任何意见。公司的人际关系十分复杂,即使你觉得自己只是附和,你的言论也很有可能被他人转达到当事人那里,增添不必要的麻烦。

孩子： 那我自己的个人信息的透露可以到什么程度呢？特别是家庭背景、感情婚恋状况、宗教信仰等比较私密敏感的话题，如果同事问到，我要回答到什么程度？如果我不想回答呢？

妈妈： 这个话题东西方有着很大的差异。我在德国银行学习的时候，宗教、疾病都是忌讳谈论的，而在其他文化里则不完全如此。不可否认的是，职场上确实有喜欢打探他人隐私的人。我的观点是无论自己对别人，还是他人对自己，都以尊重个人隐私为原则。一是自己不去打听，二是被问及相关内容时，不想回答就直接告诉别人自己的态度。现在在大型正规社交场合，避免涉及隐私的话题已经成为大家的共识，不需要为自己捍卫自己的隐私感到紧张难堪。

孩子： 那如果是在非正式的社交场合呢？比如几个同事约着一起吃饭和唱歌的时候分享朋友的逸事或者可以说几个活跃气氛的"打擦边球"的笑话呢？让人开怀大笑总比做一个闷葫芦要强吧？

妈妈： 言语的力量是无形的。虽然每个人对"擦边球"的定义不一致，但既然擦到边界，那你也明白很有可能触犯到他人或者文化的禁忌。圣经里说过"生死在舌头的权下"，文明、严谨永远是自己需要遵守的原则。

孩子： 那怎样在谨言慎行的前提下依然有效率地表达自己工作成果呢？在小组协作中，特别是还牵扯到各级别同事的情况下，我既希望自己对于小组劳动成果的投入得到大家的认可，但又不希望"踩到任何人的脚趾"。

妈妈： 对于别人在工作上的贡献一定要实事求是地表达和认

可，对于自己的工作成果也要实事求是地表达。工作中常常出现一类人，在谈及功劳时只谈及自己，在谈及责任时永远只是他人的问题。时间长了，这样的人是没有人愿意与之共事的。

灵活应对的行为

关于会务工作

孩子： 我上班以后发现一个现象，就是公司经常要开会。有的时候其他部门的人员介绍情况，他们用的很多专业术语我都不一定完全能听懂。所以多数情况下虽然不用发言，但是坐在一个空间里这么久，高度集中精神去聆听还是挺累的。

妈妈： 开会确实是刚入职的人需要立刻去适应的东西。无论是在政府机关、科研院校，还是企业，会议都是组织运行最常见的一种工作形式，方便大家通过讨论一起解决工作中遇到的问题。对于复杂度较高的产业组织，如跨国公司，会议更是用于协调各部门业务行动、处理工作事项不可避免的举措。

孩子： 那作为职场新人参加会议有什么需要注意的事项吗？

妈妈： 首先，参加会议是你们一个很好的学习机会。因为会议的主题往往直接与公司运营当中遇到的各种问题相关，参与解决问题的人员一定具备相应的工作经验，他们现场的讨论和意见的碰撞更是提供了最新的信息。所以参加会议是高效地了解组织运行特点和棘手问题的重要途径。正因为如此，一定要记得在开会的时候带上一个笔记本。一方面，正如你所说，有些公司大部分人滚瓜烂熟的知识对你来说是陌生的，所以要留心记录，方便会议结束后研究和请教他人。另一方面，大多与会的领导认为记笔记的行为也代表了你认真对待公司会议的态度，而会对"我记性好所以不用记笔记"这类言论感到不满。

孩子：好的，我会记得记笔记的。另外，一些重要级别的会议自然有公司内部专门部门来负责。但有时我所在的部门也有日常工作过程中需要开会的情形，这时候我们的领导也会经常让我们预定会议室，这里面又有何诀窍呢？

妈妈：不要小瞧了这个任务，会务准备可是一项基本功。如果遇到领导让你预定会议室，你需要准备可不止预定这么简单，其中最需要有意识地留心的就是会场的基础保障，比如电脑要连接在显示屏上，指示笔和话筒要能用等。如果忽略了这些细节，可能会导致会议进程中出现设备故障。要是在演讲最关键的时刻显示屏突然断线，或是谈判最激烈的阶段跨国电话突然不畅通，整个会议的进程和气氛都受到影响。如果负责人可以事先检查，准备好备用方案，同时有效地解决现场出现的任何问题，自然会得到好评与赞赏。

从实际操作层面来说，根据会议的大小和重要性不同，准备的程度也不一样。小型会议至少要保持展示工具和通信工具的连接通畅。而中型会议至少要提前对会场进行检验，确保会场一切扬声设备、电脑屏幕连接都保持顺畅。另外还要细心安排坐席卡的摆设和来宾的座位，准备好备用话筒以及其他设备的应急方案。在这基础上，如果是更加重要的跨国会议，还需要考虑时差、会议手册的准备、秩序安保的安排等。

孩子：公司内部的会议固然很重要，那对于外部嘉宾参加的大型会议又有什么需要注意的地方呢？这类会议的参与人员众多，如何保证他们的会议体验呢？

妈妈：是的，只要是为客户提供产品和服务的企业，普遍存在市场部或者策划部，专门负责市场活动。你所说的大型会议往往是公司的客户参加的会议。正因为是面对客户，所以组织工作需要更加细致严谨，此时的会务组织水平代表的是公司形象，基本上是由经办部门主导组织。

如果被分配到组织大型会议，也不用太过于紧张。由于参会人数众多，一般公司内部会成立一个工作小组，你可以通过和团队的沟通协作，共同完成嘉宾接待、会议器材、会议流程和安全方面的工作任务。首先，嘉宾接待：小组需要把参会嘉宾的报到、接待、食宿、交通出行等都安排周全。其次，会议器材：除了准备上文里提到的会场基础设备以外，还要安排会场内外的指示牌、海报等。再次，会议流程：需要安排引导人员、会场的布局、发言代表的次序。另外，切记，无论什么情形下，所有出席会议人员的人身安全是最重要的因素。作为负责人，首先要考虑会场消防安全。不仅对于消防出口的位置和指示必须了解，还要安排好紧急情况下的疏散方案。如果会议临时出现了设备、天气或者人员导致的安全隐患使会议无法继续，要果决地中断会议，保护人员安全。

从以上的介绍中可以看出，会务的组织需要多种多样的工作技巧。正因为会务组织如此辛苦复杂，公司更会让刚参加工作的年轻人参与，既是对他们综合组织能力的锻炼，也是对他们现场应变能力以及耐力的考验。

关于邮件的反馈

孩子：进入职场以后，大家的官方交流主要都通过邮件。一方面自己每天收到许多邮件应接不暇,另外一方面有紧急的事情需要同事帮忙办理,却因为关键的内容写在了大段文字里没能引起同事注意,耽误了工作的进展,有没有什么办法能更加有效地传递信息呢?

妈妈:可以从多个方面来调整。首先需要知道的是,根据传递信息的内容长短和时间缓急,要合理地在电话、邮件、短信以及微信、QQ之类的社交软件中进行选择。这些通信方式各有各自的优势,具体可以参考以下的表5-1:

表5-1 反馈渠道分析表

	及时性	正式性	内容长短	附件	记录保存	价格	其他特征
电话	高	低	短	否	否	高	适合回答问题,更快达成共识
邮件	低	高	长	是	是	免费	可以无国界通讯
短信	高	中	短	否	是	中等	回复迅速
社交软件	中	中	中	是	是	免费	方便私人关系建立

就像你刚说的例子,如果真的非常紧急但又有大量附加信息的话,可以直接打电话给对方简短地叙述一下请求,同时再把具体的操作指令以邮件的形式发出,这样既保证了信息的即时传递,方便对方操作,也确保了你们沟通记录的保存。而如果需要讨论的内容争议性很大或者是公司机密,那邮件就不是最好的选择,因为你无从知道收件人是否会把这个白纸黑字的记录转发给没有权限知道的人。

孩子：这我大概了解了。那如果在选定了邮件作为载体的基础上，我要如何撰写邮件让传递的信息更加清晰呢？

妈妈：首先需要意识到的是，有些职场人每天就会收到几百甚至几千封的邮件。为了帮助收件人在最短的时间内最大程度地理解你需要传递的信息，你需要把握三个重要原则：清晰、简洁、视觉上易消化。

首先，在收件人打开邮件之前，就可以通过标题清晰地告知他们这封邮件的内容，帮助他们判断这封邮件需不需要看，需要采取什么行动和需要以什么优先级别处理等。要达到这样的效果，邮件标题就需要体现出这篇邮件的关键信息。如果需要立刻回复等行动，也可以在标题中标注出"需要回复"，清楚地提醒收件人这封邮件还需要后续操作，从而和其他信息告知类的邮件区分开来。切忌用不够具体的类似"简历""文件"这类标题，不仅让人第一眼看到有点摸不着头脑，也不方便后期检索查阅。

其次，同样地，考虑到收件人每天处理的邮件数量之多，在能把事情交代完整的前提下，邮件的主体内容越简洁越好。撰写时应该直接从最重要的内容开始，再花一些篇幅提供额外的信息，最后总结，而不是把重要信息埋在大段的背景介绍里。另外，开头结尾的部分需要加上合适的打招呼和感谢的话语，这也是基本的邮件礼仪。

最后，尽量多使用列表等排版工具让对方视觉上更容易消化。相比一大段黑压压的文字，人的眼睛能更舒服地处理列表，瞬间理解信息的结构和相互关系。如果是有前后或者递进关系，可以使用数字，如果没有的话可以使用"Bullet Point"来排版。特别重要的文字还可以用加粗来强调。

孩子：这些工具我虽然了解了，但我要如何确认具体发的邮件是否符合公司普遍的标准呢？

妈妈：和正装的选择很类似，就是仔细观察公司里其他人是如何发邮件的。由于不同企业不同部门发邮件的对象不尽相同，一封在一个部门看来礼貌体面的邮件，在另一个部门看来可能有些浪费时间和效率低下。所以为了保证万无一失，要学会根据部门里同事的发邮件习惯调整自己的邮件撰写方式。

另外承接着之前所说的，细节决定成败，在这里也一样适用。在发邮件之前，一定要再三确认收件人和抄送人地址、添加附件、检查错别字和语法等细节，毕竟邮件一旦发出就无法撤回，如果出错也会永久地留在收件人那里。

关于如何有效地展示工作成果

孩子：明明是一个小组所有人共同完成的工作，但却因为一些组员能说会道，把自己做的东西吹得多么复杂多么重要，领导就更倾心于他们，把功劳都归给这些人。相反的，有些组员明明比别人都辛苦地投入，却因为是个"闷葫芦"，就只能默默地付出却不被赏识。这真的公平吗？俗话说，"会哭的孩子有奶吃"，如果这样，我们都夸夸其谈就好，何苦干得这么累呢？

妈妈：这确实是一个职场中可能出现的让人感到沮丧的情况。虽然确实有只根据亲疏远近和个人喜好来奖罚的领导，但毕竟是少数。设身处地去想，领导没有亲身经历项目的细节，即使心里想要公允客观地评判，也只能主要依靠小组中的你们提供的信息。为了帮助领导更加公正地给予你们认可和奖励，要在辛苦工作的基础上，学会更加有效地向领导、同事和客户展示自己的工作成果，也认可别人的工作成果，帮助所有人收获自己应得的肯定。

孩子：工作成果难道不是只有对于短期项目的口头汇报和大项目会议上的汇报的吗？好像没有什么可以更改的余地。

妈妈：其实有效展示的方法远不止这些。正如清华大学卢舒野、刘鑫、郑晓明三位作者的文章《向主管兜售自己的创意：员工的创意行为展现与影响力策略的交互作用对创意识别和创意实施的影响》里所说[1]，员工不仅要用行动展现创意，而且还要利用影响力手段来加强主管对其创意的认知。其中行动展现包括幻灯演示、实物展示等，影响力策略包括理性说服、鼓舞感召、洽谈咨询及协同合作。

孩子：这么说捍卫自己创意的结果和证明自己工作辛苦的责任是要由我来承担的咯？不过领导确实也不会读心，很多我觉得很明显的事情可能对于他们来说并非如此。

妈妈：是的，那么我们先从短期项目说起。首先要知道，每个人处理信息的方法是不一样，也较难改变的。就像在学校里有些同学的靠记笔记学习，而有些同学则必须要组成学习小组讨论，这种区别进入职场也是一样存在的。所以彼得·德鲁克在《卓有成效的管理者》一书中就提到，优秀的职员需要判断领导的学习风格是听汇报型还是阅读文字型。如果是听汇报型，那就要和领导预约对话的时间汇报工作；如果领导是阅读文字型，可以通过邮件或文字报告的形式汇报工作，从而征求反馈意见。假

---

[1] 原文献为：Pitching Novel Ideas to the Boss: The Interactive Effects of Employees' Idea Enactment and Influence Tactics on Creativity Recognition and Implementation. 2018 年 5 月在《美国管理学会学报》上发表。

使你对喜欢阅读文字的领导只作口头汇报，那就像逼迫喜欢记笔记的同学硬要通过讨论学习一样，自然让信息的传递效率大打折扣。

孩子：那如果是大项目结束时的大会汇报呢？这么多听众实在是众口难调，我又要如何让自己最大程度上被理解呢？

妈妈：这就是为什么你看大会上讲者口头演讲的同时，也有幻灯片或者打印的文件，还有问答环节帮助喜欢讨论的人加深理解。只要保证自己汇报的时候，这几项媒介都设计得简洁扼要，就可以保证大部分人的有效理解。

孩子：书面材料和幻灯片提前准备好放在那里就可以了。可在这么多人面前演讲，我总是非常容易紧张，一紧张效果就显得不好。

妈妈：公众演讲时候感到紧张是非常常见的现象。缓解的技巧非常多，在这里我挑选了几项自己觉得很有用的方法：

首先，要大量练习。一次演讲除了内容要反复背诵以外，还有非常多需要练习的方面——口音口型、距离会场话筒的远近、台上的身姿等。从这样多个方面进行练习可以很大程度上减轻焦虑。

其次，要通过减慢语速和询问的方式确保听众的理解。开会的时候经常会出现演讲人因为过分紧张所以说话越来越快的情况。虽然本人可以更早地逃脱站在台上的尴尬局面，但听众们全都听得云里雾里，导致最后信息无法有效地传递。相反的，通过有意识地控制语速，并询问："讲到这里我暂停一下，大家有什么问题吗？"等方式，不仅可以显得人气定神闲，更能保证结束的时候听众听懂了你讲的内容。

最后，对突发状况要有所准备。即使是胸有成竹的演讲者，如果现场出现了意外情况，也容易慌乱。但商务会议里设备故障、人员临时出入会场、领导随机提问和时间不够等现象是经常出现的。所以准备好了演讲内容之后，也要考虑，如果大会时间压缩，只能给我 5 分钟，我会挑哪些重点内容讲？如果幻灯片放映机坏了或者稿子不见了，我要如何讲解内容？心态上准备好，方可临场应变。

孩子：如果使用妈妈所说的汇报和演讲技巧提高了沟通效率，但自己实事求是，他人却夸大其词，还是无法得到赏识，这时候怎么办呢？

妈妈：沟通是职场中的重要能力之一，主体是你自己。你这里提到赏识，赏识的主体是自己之外的人，这与考核评价相关，我们到第六章将具体介绍。

关于出差

孩子：小时候看电视剧里那些雷厉风行的职场人，好像都会有拿着行李箱在机场里快速穿梭的场景。那种一切尽在他们掌控之中的感觉真是让人羡慕呀。自己参加工作后也渐渐获得了不少出差的机会。虽然确实有机会去不同的城市看看，但每次出差行程都安排得很满，没有空隙休息，文化、饮食突然的变化也让人难以适应，这才明白了光鲜之下的辛苦。

妈妈：工作岗位的职责不同，出差频率也不同。无论是否经常出差，都要合理安排出行，保证业务的开展。如注意天气变化，防止因此导致的航班取消等带来商业合同的延误等。这些方面需要服从工作大局，不可以因任性或随意而误事。

孩子： 所以出差的最紧要的就是保证工作顺利开展咯？

妈妈： 不，工作虽然重要，但出差要在乎的头等大事是安全。你需要明白的是，无论何时，人身安全都是最重要的。所以当接到出差任务，安排通行路线、住宿地点和环境时都要把安全需要摆在第一位。

如果是在人生地不熟的城市，尽量和公司同事们一起出行，从而保证自己的安全。另外会议结束如果还有剩余时间，一定不要忘记自己是在商务出差而不是个人游玩，要更加谨慎行事，要注意千万不能因自己的活动耽误大家的安排。如果大家约定好统一活动的时间和地点，那就要遵守约定。如果和同事共同使用一个房间，你夜不归宿或者回来时酒气冲天，给人留下的印象会非常糟糕。相反的，如果在行程中你尽量帮助体贴别人，例如，帮助同行的年龄较大的同事拿行李等，往往比沉默不语更易获得他人的心理加分。

孩子： 这些基本的当然会注意了。不过我对有一点确实有所疑问，毕竟对大部分职业来说，出差是难得的与同事在生活上接触的机会。在饮食、起居习惯不一样的情况下，要如何协调大家的步调呢？

妈妈： 首先出差一定是为了解决公司内部或者客户的问题，除了个人的时间之外，还要消耗公司资源和占用预算。所以出差期间所有的安排应该首先要围绕解决问题展开。毕竟相处时间较短，大家还是以和气为重。如果同事的饮食、睡觉习惯打扰了你，你就要判断这是不是对方可以在短时间内心平气和地去调整的。例如，如果是睡觉时间早晚的习惯，可以通过积极沟通，想办法调节。如果是梦呓、打呼噜一类的情况，那你还是多多担待比较好。如果是自己因为宗教信仰等原因有饮食限制，可以早些告知公司，确保可以妥善安排。

孩子：很多时候出差工作结束以后的出游也是同事们一起的。如果大家兴致高昂地要去喝酒唱歌，但我不想去或者不能喝酒的话怎么办呢？

妈妈：再次重申，在职场上，爱护好自己的身体，保证人身安全永远是第一位的。正直的领导一定看的是工作绩效，长远可持续的工作发展和晋升也一定是通过工作成果带来的。如果本末倒置，因为吃喝影响对客户的服务质量，受影响的只能是自己的前途。

关于处理"批评的声音"

孩子：最近工作上好让人失落，辛辛苦苦取得的成果，并没有得到太多的在意和表扬，工作中的疏漏却都被老板一一数落。也不知道自己做这些事是为了什么，有什么意义。

妈妈：还记得电影《穿普拉达的女王》中的一个场景吗？刚入职的女主角在承受了最初阶段的职场考验之后，工作开始变得得心应手。但是因为一件难度很大的工作任务没有完成而被批评，面对男朋友抱怨和主编的苛责，准备提出辞职。

孩子：记得这一幕，要是我接到那样故意刁难的工作任务也完不成。

妈妈：记得她的工作伙伴是这样回应她的想法的："你以为完成工作还会在额头上贴上一个小星星？醒醒吧，这里大家都在工作。"

作为职场新人，在奉献了很多时间和精力之后，自然希望能够得到某种表扬和肯定。这种心情很可以理解，毕竟我们从小到大的教育体制是有明确的奖励机制的。小学生可以明确地知道，完成一个老师布置的任务，就得到一颗五角星，集满了几个五角星就可以成为三好学生，拿到奖状。

但商场如战场。企业的第一要务是在市场的大风大浪中求生存，所以员工奖励机制上有些企业做得细致周到，有些暂时还无法面面俱到。因此，如果得到表扬固然开心，没有得到的时候，也千万不要太放在心上。越是这个时候越需要你带着一个成熟的心态，自己对于自己的付出和贡献作出评估和肯定，而不是自怨自艾，沉浸在失落的心情里无法自拔。这种"玻璃心"最终只会伤害自己，无益于问题的解决。

孩子：其实我们从小到大对各种批评并不陌生——不仅有学生时代来自家长、老师的批评，走进职场来自领导的批评，还有当把自己的思想、产品、服务投放到市场之中时，来自社会公众的方方面面的批评。既然没有力量去改变环境，那我希望可以学会如何理智有效地处理批评的声音，妈妈有什么建议呢？

妈妈：我建议分为以下五步来处理。

第一步，首先学会应对批评现场的情况，这就需要区分批评发生的场景，是会议进程中、日常工作场景，还是邮件里？

对于会议过程之中出现的批评，除非要求你解释，其他情形尽量避免当场解释。临时出现的问题，很多情形下是由你不知道的事件而引发，所以解释无济于事。中国有句老话："有则改之，无则加勉。"当下虚心接受批评，等会议结束之后再去弄清楚真实状况，再通过邮件、微信等途径加以解释是被有经验的职场人验证的最有效的方法之一。类似的，对于日常工作场景中突如其来的批评，也一定不要当场解释，否则只会激化现场冲突，阻碍理智的对话的发生。当务之急是疏导大家的情绪，防止冲突的进一步升级。等当事人的情绪平息之后，再想办法厘清真实起因，选取适当方式反馈解释。

对于邮件、短信往来过程中出现的批评，可以先放在一旁，让其冷却一会儿，"人非圣贤，孰能无过"，没必要把自己的自尊水平带入，产生被拒绝、不被尊重的感觉，可以分析对方的批评性反馈是否合理再想如何回应。

第二步，学习将他人的批评中涉及的人和事分拆解析，选择性接受。

生活中，开车的人遇到绿灯加油门，遇到红灯踩刹车都是再正常不过的动作。绿灯和红灯仅仅是一种规则，人们需要做的就是依照规则进行处理。但是在心情烦躁的时候，人们往往会对遇到的红灯发怒，觉得为什么连信号灯都与自己作对，为什么不开心的事全部让自己赶上了。实际上，红绿灯只是规则信号而已，只是人们的内在情绪波动使之成为扰乱自己情绪的"元凶"。

所以年轻人需要意识到，在遭受批评的时候，应该先接受自己自然会产生的羞耻、痛苦等情绪，分拆解析出批评里客观的部分，将那部分归类成一种规则信息，通过反思提高自己工作能力。除此之外，批评声中可能夹杂了很多其他的东西，比如批评你的人当时的突发情绪或者其他不完全和你相关事情等，这些多余的部分和你无关，没有必要太纠结，沉淀一段时间再做进一步打算。

孩子： 那我要如何分析批评声中哪些部分是确实合理客观的反馈，哪些部分与我无关呢？

妈妈：这时候可以连续问自己几个问题：

为什么会有这个批评？这份批评是对事？还是对人？

如果是对事，批评你的人原本对这件事有着什么样的预期？和实际结果的差异在哪儿？事情的结果与预期有差异的最主要原因是什么？如果是对人，是单纯的情绪发泄，还是有什么信息或情况沟通不到位？

为什么自己对批评不能接受？如果觉得对方有失偏颇，是由于对方对事情判断错误还是情绪失控？

如果是对方情绪失控，为什么？是他/她遇到了什么特别的事情，还是他/她不善于控制情绪？如果这样，自己一开始是否可以处理得更加周到一些？

当你把一个个问题问完，并且认真回答了以后，基本上你的思绪已经开始平稳了，在此基础上厘清事情发生的原因，对于批评声音中有道理的部分虚心接受，吸取经验教训，提升自己。同时对于批评里来自对方个人情绪的部分，多理解多包容，但也不要为这部分背上情绪的包袱。

第三步，通过跑步等运动的方法释放自己被批评带来的负面情绪。

大量研究表明，锻炼是帮助人们疏解紧张的最便捷的方法之一。被批评后的紧张可以通过自己喜欢并且适合的锻炼方式发泄。我自己最喜欢的方式是散步，在安静地走着的过程中，不仅情绪和呼吸都会恢复正常，解决问题的答案慢慢也会浮现出来。

第四步，学会换位思考。

每一个时代都有批评者，也都有建造者。有人负责解构，有人负责建构；有人负责怀疑，有人负责坚定，都是不可或缺的，但不可否认，建造远比批评更难，"实现成功"远比"预言失败"更难。

漫漫职场路，人的精力是自己拥有的最珍贵，也是最有限的资源。想要成功和幸福，就要把自己有限的时间和精力放在"建造"上，保持坚定，勇敢前进。要努力主动谦让，宽以待人；享受工作，助人为乐；冷静思考；经常总结。

孩子： 可以不在意短期的表扬和奖励，但长期的加薪和升职呢？如果忙了好几年都没有得到与自己付出相匹配的回报，这时候我很难不感到失落。

妈妈： 那就要通过第五步，职业行为去解决了。需要首先反省的是，为什么自己这么久的投入都没有得到相应产出？第八章中重新评估绩效优势时将会提出，低绩效、有意愿的员工，需要考虑转换工作岗位了。

关于集体活动

孩子： 工作以后除了日常上班，单位还会组织不少集体活动，比如帮助慈善机构分配食品等志愿者活动。这些和工作没有直接联系的活动到底有什么意义呢？

妈妈： 正如你所说，一般企业都会创造机会组织集体活动，包括运动会、集体旅游、集体会餐等，外资企业还对志愿者活动非常重视，经常组织员工服务社区的活动。

积极参加所在单位所组织的集体活动，确实有利于加强与同事的联系。美国人亚当·格兰特通过研究发现，当人们帮助同事时，助人者在同事眼中会变得更有价值。另外，除了积极参与以外，也可以寻求机会组织单位的活动。不仅可以通过自己的工作让大家享受活动乐趣，还可以以一种最自然的方式认识各个部门的人，扩大自己的职业社交圈。

孩子：集体活动虽说是一种娱乐和放松，但如果有老板在场，可真是让人格外紧张。虽然契诃夫的《小公务员之死》带有夸张和讽刺，可那种担心自己表现不好而冒犯上级的心情我很能理解。

妈妈：所以参加有老板在场的活动，尤其要注意保持严谨性和职业性。如果接待客户，重心还是要围绕客户，如果是公司内部活动，则可以创造一个轻松的氛围。很多人在老板在时很拘束，讲话患得患失，其实可以适当轻松一些。

孩子：我也想放松地开开玩笑，但在职场里放松和放肆之间好像也就是一墙之隔。

妈妈：所以创造轻松氛围的同时一定要注重礼仪，不能因为说话轻松而无视商务礼仪。

孩子：听学长学姐们传授经验说，随着时间的推移，有些原本是同学或者是朋友的人，会成为自己的领导、同事或者是下属，有了这层职场关系，突然间不知道该如何面对了。这让我们感觉到如何保持与每一个职业角色、与每一个人的"合理关系距离"真的是一门艺术。

妈妈：这的确是会经常遇到的场景，把握人与人之间的关系距离的结是一门神奇的艺术。不单单是涉及职场身份转变的情况，即使是最单纯的友谊的维系也要掌握一个度。

那如何拿捏好这个距离呢？还是需要从自我认知开始。一旦鼓起勇气开始自我了解，包裹着许多问题的浮尘就会吹散，真实的内核将呈现出来。在此基础之上，再去设定与外部各种关系的距离，相信一定会找到那些可以最大程度上支持你、滋养你的关系，同时平衡好其他各种社会关系。

关于端茶倒水

妈妈：在中国的传统文化中，来客奉茶是一种沿袭了上千年的社交礼仪。

孩子：但随着时代发展，很多场合已经不摆放茶水了，或者不需要放入茶叶再沏茶的环节了。特别在有外宾的情况下，更多的是在商务会晤、商务会议中主动为来宾提供咖啡、饮料、矿泉水等，来替代茶水。这个情况下我为什么还需要关注端茶倒水的礼仪呢？

妈妈：在国内的很多社交场合或者商务会晤中，要仔细观察客户群体的年龄特征。中老年群体就经历过讲究奉茶的时代，所以恰当管理茶水仍是被看重但又是无人会提及的一项礼仪。

简单来说，如果认为可以用饮料代替茶水，在条件允许情况下最好先征求客人意见。如果无法事先征求意见，那就摆上茶杯，尽管可能不会实际使用，但这在中国的商务场合这是懂礼仪、尽礼数的表示。

自我风险管理的行为

关于信誉管理

孩子：虽然说合作建立在互相信任的基础上，但我也曾经听说过职场中有些人到处请人帮忙但事后过河拆桥，却依然跳槽升职很快的故事。这些人虽然信誉一般，但依然生活得很顺利。那我们依然要信誉管理吗？

妈妈： 人是活在当下的，而信誉其实是关乎长远利益的。虽然背信弃义可以带来眼前的利益，但长远可持续性的利益必然需要重视信誉管理。在现实生活中，合作建立在互相信任的基础之上，而信任来源于稳定的预期。商业世界里，由于过度关注短期利益的人更喜欢毁约，只会让其他人觉得难以捉摸，无法树立值得信任的声誉。职场的工作生态圈其实并不大，不良口碑的传播速度和广度往往超乎想象。美国作家马娅·安杰卢（Maya Angelou）说过一句话："人们会忘记你所说，忘记你所做，但会铭记你给他们的感觉。"所以，从入职一开始就要树立经营信誉度的意识，对个人的许诺和履职行为进行有效的管理。

孩子： 这种稳定地遵守规则而不是一时应付的概念让我想到了一些企业把候选者在社交网络上的长期表现列为参考信息的事情。

妈妈： 正是，社交网络形象管理也是新生代年轻人需要重视的。虽然工作的发展看起来只来源于面试和跳槽这些重要节点的表现，但其实一个人的职业声誉和形象是由平日一点一滴的言行积累而成的。如果平时以自己的信誉为代价肆意妄为，等到需要他人帮助的节点上再悔悟就已经太迟了。

关于合规管理

孩子： 我们参加过一些论坛，有学者指出，中国社会从计划经济到市场经济的转轨，就是在不合规的状态下发展起来的。某些成功人士经验介绍中难免包含着"打擦边球"获得成功的得意。

妈妈：不同的历史发展阶段客观存在不同的情况。年轻人需要明白的是，随着经济发展越来越成熟，你们的职业环境的监管一定越来越严格。一个企业从设立和存续的整个生命周期里，各国政府都通过各种法律法规对企业行为进行限制和管控。纵观美国和中国，或者一些欧洲国家，都会看到一个产业的多元化业务模式——同一个行业成百上千个不同规模、不同商业模式、不同发展阶段的公司并存，它们有各自的优势和能力，追寻着各自不同的发展战略和目标。

因此，从入职者具体操作的角度来说，无论你所选择的企业可以被定义成什么样的商业模式、进入什么样的市场，作为其中成员一定会感受到公司发展所接触到监管体系的要求，对其充分理解并加以应用是作为员工必须考虑的工作内容。所以，从一开始就要关注你所从事的岗位包含的工作内容中，政府部门和行业相关的监管要求是什么，把合规理念根植于职业发展的全过程。这样才可以保持职业行为的有效性和持续性，违规的代价就是被惩罚或者被追责，不能因为不懂得合规而让自己的职业声誉受到损害，白白葬送职业生涯。

孩子：我想起来前段时间有则新闻报道，某连锁超市一门店被发现更换胡萝卜外包装的日期标签。原标签日期是11月9日，被换成标签日期为11月15日。事件一经发现，事发超市所在的大区总经理被就地免职。

妈妈：是的，随着年轻人担任的职务越来越重要，职责越来越重大，职业中遇到的市场不确定性也越来越大，职业行为的合规性就变得更加重要。风险管理是保障企业健康持续发展的基石，而了解合规是保护自己不被风险击垮的防火墙。

关于危机管理

孩子：有天上班到一半公司突然进行消防演习，手头的工作耽误了不说，还要从二十多层楼一路走到一楼。又没有真的火警，这样小题大做真的有必要吗？

妈妈：看似没有意义，但其实这就是最简单的危机管理培训了。现实中许多企业会对中高级管理人员进行危机管理专业培训，对刚入职的人则常常没有这项安排。我分析这中间可能存在一个误区，觉得危机管理只是高层管理人员才需要面对的工作。然而据观察，现实中危机往往是由基础岗位人员的一次疏忽大意或者处理不到位引发的。例如，一座高楼大厦的建设往往需要成千上万人的工作投入，而一个烟头就可以将其付之一炬。一旦危机发生，轻则当事人要接受追责，重则涉及刑事处理，甚至付出生命的代价，无论对企业还是个人都会带来巨大的伤害。

所以对于刚走向工作岗位的年轻人，特别建议上网了解一些危机管理的基础概念和防控方法，积极参加单位组织的各类安全演习，认真学习安全预案，了解安全细节，把危机的萌芽抑制在自己的手中。

关于决策的自主性

孩子：记得看过清华大学阎学通教授对于阴谋论的一段阐述，非常有意思。他的观点是，只有联想能力而无逻辑能力就容易做出阴谋论的判断。阴谋一般是公众不知道而且无法证实的事务，正因为既不能证实也不能证伪，而很多人没有受过专门的逻辑训练，容易流于阴谋论。阴谋论者声称他们很聪明，阴谋被他们看出来了。其背后的逻辑是，你要是看不出来，就说明你不聪明。人们普遍认为自己是聪明的，于是也都跟着"看出阴谋"了。

妈妈：阎教授讲得非常有道理。面对职场未知、复杂、充满不确定性的环境，逻辑分析能力非常重要。掌握科学研究方法，不仅能提高你的研究能力，还能增加决策的自主性，从而遇事不盲从、不轻信、不后悔。

不过大家也要防止把"自主决策"与"不执行"混淆起来。自主决策的前提是要有独立见解，但是对于集体决定了的事项，需要坚决执行。

孩子：那万一我的独立见解和集体的决定有分歧怎么办呢？

妈妈：这时候沟通是最重要的。通过积极的探讨，了解之前彼此都未明说的一些隐性条件，集思广益，才能找到最有效的方法。有时候不同的人预见了在关键点上有可能出现的不同情况，所以大家的解决方法正好可以作为备选的多套工作方案。我们工作中还有一些其他小诀窍：对于各项工作任务要分清轻重缓急，一些工作争取提前谋划部署，增强前瞻性，提高对政策导向、情况变化和矛盾问题的敏感度，这些方法都能帮助自己提升判断力。

关于应对酒桌文化与骚扰

孩子：生活中经常听说通过"拼酒"证明诚意，赢得合同订单，得到老板赏识的故事，但过度饮酒对身体的伤害巨大，酒局场合发生问题的频率又非常高。那我如果不喝酒是否会影响职业发展呢？

妈妈：这是一个很容易引起争议的话题。在许多国家的文化中，各种重要场合，例如庆功、婚丧嫁娶、亲朋好友相聚和企业内部团队建设都少不了要喝酒。《红楼梦》里都专门描绘了大观园里贾母与宝玉、林黛玉、薛宝钗等人一起行酒令咏诗的生活场景。

虽然如此，俗话说，"小酌怡情，大饮伤身"。年轻人需要牢记，在一个规范经营的企业中，你在职场上的发展靠的是绩效贡献，不是靠"拼酒"，正直的领导提拔的一定是有绩效的员工。所以对于以职业身份参加的任何形式聚餐，饮酒一定要在安全的前提下进行，一旦觉得自己不胜酒力，就果断停止饮酒。在网络媒体无处不在的现代社会，拒绝过量饮酒不单是为了个人的身体健康，也是为了维护自身和企业职业形象。无论什么场合，对于企业来说，安全合规合法才是其考虑的第一原则。从法律上来说，醉酒一旦引发人身伤害，所有相关人员以及企业均需要承担民事责任，甚至刑事责任。如果引发事故，给企业声誉带来重大损害，当事人将面对严重处罚。

根据我国《民法通则》第十一条，十八周岁以上的公民是成年人，具有完全民事行为能力，可以独立进行民事活动，是完全民事行为能力人。一旦因饮酒造成事故，就需要承担法律后果，影响自己的职业前途，甚至人生前途，因此自己必须承担起保护自己的责任。

孩子：记得有一次我参加面试包括参加早餐会，你提醒我说别光顾着吃，这也是面试的一部分。

妈妈：是的，有时餐桌也是领导考察下属的一个重要隐性场合。一些跨国企业进行人才选拔时，也会邀请相关候选人一起用餐，借以观察其用餐行为举止来确定最终人选。无法很好地自控的人肯定是首先被淘汰掉的。

孩子：虽然自我保护的道理我也懂，但是如果部门领导同事们聚餐，采用简单推辞的方式总显得不合群，甚至"不给面子"。毕竟人是生活在一个相互依托的群体环境之中，这怎么处理呢？

妈妈：对于刚参加工作的年轻人，家人往往会嘱托"一定要听领导的话啊"。这样的嘱托非常符合中国崇尚长幼有序，尊重前辈的优秀传统，但是无形之中也会给年轻人带来一种隐性心理影响，似乎刚参加工作有机会参加聚餐，领导或者级别比自己高的人吩咐喝酒，自己也不好推辞。此时，切记，团队聚餐场合下，领导希望所有来宾都享受轻松愉快的氛围，但无法知晓每一个人的身体实际情况，所以当你不胜酒力时一定要直接主动地告知所有在场的人。如果此时还有人要强迫你喝酒，首先婉言拒绝，同时对这样丝毫不考虑你的身体健康的领导和同事就要高度警惕了。既要积极参加集体活动融入团队，又要保护好自己的人身安全才是对企业、对上级领导、对家人真正的负责，这才是真正成熟的职业心态和行为。

孩子：这让我想到了有同学实习的时候被领导要求参加和工作关系不大的酒宴并被要求大量喝酒的事情。当事人虽然拒绝了，但又担心影响大家对自己的看法，周围同事里也有人觉得她小题大做，使得她感到非常别扭。

妈妈：首先拒绝喝酒是个人的合法权益。对于他人的议论，我们生活在一个公共环境之中，任何行为都会被他人议论。职场上工作绩效永远是一个企业对职员最基本的要求。由于我们所生活的世界并不是一个完美的世界,也不是一个真空世界,不光是酒席上,工作中和生活中都有可能遇见他人不文明甚至违反法律的行为,所以我们要学习自我保护。

美国公平就业机会委员会(EEOC)对于职场骚扰的定义解释为:"骚扰可能包括'性骚扰'或不受欢迎的性举动、性要求,以及其他带有性意味的言语或身体骚扰。然而,骚扰不一定是性行为,也可能是关于一个人性别的冒犯性言论。例如,通过对一般女性发表攻击性言论来骚扰女性是违法的。受害者和骚扰者都可以是女性或男性,受害者和骚扰者可以是同性。尽管法律并未禁止简单的戏弄、随意的评论或不太严重的孤立事件,但如果骚扰频繁或严重,以至于造成敌对或令人反感的工作环境,或导致不利的就业决定,那骚扰就是非法的。骚扰者可以是受害者的主管,另一个地区的主管、同事,或者不是雇主雇员的人,例如客户。"

孩子: 定义涵盖了非常广的事件,可见很多大家习以为常的行为实则已经构成了骚扰。我的理解是,很多时候职场骚扰并不是关于性,而是骚扰者通过贬低污蔑受害者的人格,利用职权威胁受害者。现实里这些在灰色地带的事件很难被惩治或者规范,我们怎么才能保护自己呢?

妈妈: 就像你说的,骚扰者是在剥夺受害者应得到的平等和尊严,应该受到谴责。所有的年轻人都需要了解的是,人与人之间尽管在性别、种族、职业、地位上有差异,但你在人格上与任何人都是平等的。对于你的家人和所有爱护你的人们来说,你保护好自己永远是最重要的,其他都是以此为基础再去考虑的。虽然世界范围内都还没有解决职场骚扰的有效方法,但最基本的原则是：如果受到了骚扰，忍气吞声只会让对方得寸进尺，清晰明确地表达出拒绝的态度才是需要做的事情，还可以向上一级人力资源部门、审计部门或者公司董事会、监事会反馈，甚至通过法律途径申诉，切实保护自己的权益。

孩子：有些欧美企业中性骚扰防范是新员工培训的必备内容之一，似乎很少听到国内企业的新员工培训涉及这个话题？

妈妈：非常好的消息是，政府已于 2018 年修改相关法律法规，明确对性骚扰制定了相应的惩处规定，越来越多的人可以通过法律来维护自己的合法权益，这是一个巨大的进步。

第六章
如何与"考核"及"评价"相处?

异中求同,折中冲突,乃万事万物生存之道。
——古希腊哲学家 赫拉克利特

孩子: 就要迎接第一次考核了,让人有些紧张。一方面很好奇公司和领导对自己的评价会怎样,另外一方面感觉考核有点儿像孙悟空的"紧箍咒",如果有时被领导像"唐僧"一样念一念,让人压力很大。

妈妈: 在职场上考核与被考核、管理与被管理永远是一对矛盾。英国诗人威廉·布莱克说过:"没有对立,就没有进步。吸引与厌恶、理智与冲动、爱与恨,都是人类生存之必需。"

不仅是刚入职的年轻人,即使成为企业的CEO,同样面临考核的"紧箍咒"。管理学代表性人物之一彼得·德鲁克有这样的观点:企业里的管理者不会自动地朝着一个共同的目标努力。要克服这些人与人目标不同的障碍,需要有目的的进行目标管理。因此管理学界围绕目标管理发展出了形式多样的考核与评价方法和工具,成为各个企业普遍采用的管理措施。

各国的金融市场监管法规也都在鼓励上市公司董事会对经理

人员采用与经营成果衔接的考核模式，以此鼓励高级管理人员对公司的合规发展负责，对于不能够达到经营业绩的经理人员或者出现重大违规事件的经理人员将追究责任。例如，安然事件中的安然公司高级管理人员中就有被起诉入狱的。

美国企业的公司治理框架中，董事会下面普遍都要设立薪酬委员会，专门负责制定 CEO 及高级管理人员的薪酬，同时负责对他们进行绩效考核。

我国国务院国资委就制定了《中央企业负责人经营业绩考核暂行办法》，同样将负责企业经营的高级管理人员纳入考核体系之中。所以，在企业工作的人们不可避免地都需要面对层层考核。

孩子：那如果选择做一个自由职业者是不是就可以不用考核了？

妈妈：在规模较大的公司里工作，考核相对是有形的，内容基本是围绕这家企业的发展目标设立的。自由职业者看似没有硬性考核，然而他们所面对的"紧箍咒"更加无形且直接地来自客户和市场竞争对手。

孩子：其实仔细一想，不单是工作，平日里点外卖、旅游住宿、搭乘交通工具，评分系统渗透在我们生活的方方面面。即使是向朋友分享美食，社交网络上的点赞数量都在考验着自己受欢迎的程度。既然无法躲避，那我们还是来直面考核吧！

"我尽力了，为什么还得不到好评？"——个人贡献与组织需求动态平衡模型

孩子：第一次考核评价和发放奖金的时刻，或多或少会感受

到一回"心理冲击波"。如果获得好评自然很棒，但很多人加班加点，不辞辛劳地投身工作一整年，却在考核的时刻没有获得理想的分数。而考核结果，更是直接影响到该年的奖金分配和未来的职业发展，这实在是个让人非常苦恼的状况。考核到底是如何运作的？如何清晰地了解公司和上级对自己的要求，从而得到好的考核结果？

妈妈：这个问题非常好。前面我们在第四章"岗位职责的模糊边界"一节中提到过，岗位职责之间是存在边界的，同时也存在一定模糊性。由于企业内部分工的存在，刚入职的员工并没有足够的资源和信息把每天的工作指令与整个企业发展过程中的运营要求整合在一起。

孩子：确实，我们在工作场所每一天接受到的几乎都是"碎片化"的工作指令："复印十份资料交给总经办开会用""去机场接个客户""财务部买十张办公桌，下周送到位"等。这样的任务看起来是和公司发展没有什么直接联系。

妈妈：这些工作指令肯定是服务于企业发展的。假设你的工作成果偏离了目标，那做得再苦再累也是努力错了方向。所以为了让自己的付出得到应有的好评，就要学会了解自己做的每一项工作对于企业真正的贡献价值，然后往正确的方向努力投入和产出。

孩子：具体应该怎么操作呢？

妈妈：还记得前面第四章"薪酬是人才市场中看不见的手"一节中所说的决定岗位薪酬水平的七大要素吗？岗位所需要的专业知识、所需要的运营知识、对其他运营的影响程度、对运营的影响范围、所需要处理的人际关系的复杂程度、所需要解决问题

孩子： 记得。大概的意思就是，如果从事的工作在一家企业实现营业收入、利润价值过程中所具备的业务知识越精尖，工作成果对企业运营影响程度越深，影响范围越广，所处理的人际关系越复杂，所需要解决的实际问题越复杂，所需要承担的责任越大，那整体收入就会越多。

妈妈： 正是。由此我提出了"个人贡献与组织需求动态平衡模型"，尝试搭建一种"桥梁"，将每一项日常工作指令根据企业对个人考核维度的需要进行归类，从而更加精准地甄别对每一项工作的投入与产出的评估，详见图 6-1。

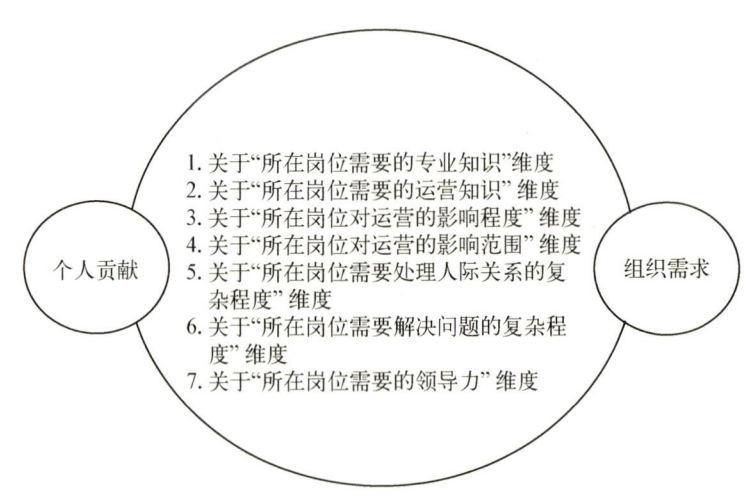

个人贡献 ⟷ 组织需求

1. 关于"所在岗位需要的专业知识"维度
2. 关于"所在岗位需要的运营知识"维度
3. 关于"所在岗位对运营的影响程度"维度
4. 关于"所在岗位对运营的影响范围"维度
5. 关于"所在岗位需要处理人际关系的复杂程度"维度
6. 关于"所在岗位需要解决问题的复杂程度"维度
7. 关于"所在岗位需要的领导力"维度

图 6-1　个人贡献与组织需求动态平衡模型

孩子： 第一眼看到这个模型，我的理解是可以对我每天接到的碎片化的工作指令进行认真的分析，然后将其归入上面七个维度之中，辨识所完成的工作属于组织的哪一种需求，然后评估自己工作的完成进度、质量和效益是否符合组织需求的方向，假如存在偏差就即时调整。这样确保每天的工作是契合组织需求的，保证自己考核的结果。是这个意思吗？

妈妈： 是的。这个归类过程需要通过不断的学习和练习来精进。

孩子： 那如何判断我对模型的使用能力是否提升了呢？

妈妈： 可以通过多次考核的结果，还可以通过与直线经理的沟通和反馈来看。在一个企业内部，一名"直线经理"（line manager）肩负着完成部门目标和对部门进行管理的职责。直线经理在所负责的部门之内，围绕部门目标任务，通过对员工进行激励、沟通、授权、培训等措施带领团队共同完成工作目标。所以不要把"直线经理"与职衔中有"经理"称谓的人混淆起来，在企业实际工作场景之中，直线经理可能是总监，可能是VP，也有可能是主管或者是某个项目团队负责人。

因为直线经理在实际工作运行的组织架构之中扮演的是"考核方"的角色，工作指令的下达多来自直线经理，所以加强与直线经理之间的沟通和反馈，对于精准地理解和执行指令，确保资源的获取，推进工作成果的达成是至关重要的。下面具体介绍一下"个人贡献和组织需求动态平衡模型"中的内在逻辑和具体使用方法。

关于"所在岗位需要的专业知识"维度

孩子： 这个维度容易理解，我们同学找到的工作大都就是自己专业方向的。

妈妈： 是的。前文提到各国政府在构建其高等教育体系的时候，专业的设置往往与社会发展的需要是一脉相承的，具有高度的关联性。随着现代技术不断发展，越来越需要复合型人才，所以许多专业设置上呈现复合性特征。比如医学，不再仅限于运用解剖学、生理学基础医学知识完成诊断和治疗，越来越多的医生需要借助 AI 智慧医生、基因生物标记物、体内摄影器来完成精准诊疗和手术。

孩子：如果所学专业和岗位工作任务对口，自然没问题。那跨专业找工作的同学，又应该如何应对呢？

妈妈：那就需要根据工作职责加强相关专业知识的储备。既然找到跨专业工作，就像妈妈以药学的背景从研究所转到金融企业工作一样，首先要抓紧时间考从业资格证，练习点钞、货币鉴别等技能，学习金融专业知识。同时如果没有可靠的专业知识作为基础，那你在其他六个维度上需要更加努力，以弥补专业上的短板。

关于"所在岗位需要的运营知识"维度

孩子：提到运营，感觉更像是高层领导需要考虑的事情，跟我们这些技术操作性岗位距离很远。

妈妈：很多新员工恰恰由于忽视了运营的重要性，只关注于完成自己眼前的技术任务，最终导致考评结果不理想。需要树立这样的意识，就是你所执行的各项工作要求、规章制度都要是企业内部运营本身所需要的。

孩子：个人贡献与组织需求动态平衡模型中，有三个维度都涉及运营，看来一定要在对运营的理解上下点功夫，运营到底是什么意思呢？

妈妈：美国威廉 J·史蒂文森教授在其著作《运营管理》

(*Operation Management*)中对运营管理的定义是：对制造产品或提供服务的过程或系统的管理。

离开了运营与供应链，任何企业组织都无法生存。我们在岗位三维空间罗盘的经济空间（图3-6）中列举了一些运营类别。随着经济和技术的进步，未来肯定还有成千上万种运营类别。下面选取史蒂文森教授所定义的运营管理要素，帮助大家建立起一个初步概念（详见表6-1），分析自己所在岗位的运营需求以及需要解决的运营问题是什么。

表6-1 运营管理要素

序号	运营要素	需要解决的典型问题
1	客户	决定客户需要的产品和服务是什么
2	预测	预测客户需求的数量和时间
3	设计	综合考虑客户、需求、制造能力和投入市场的时间
4	生产能力计划	供给与需求相符合
5	加工	控制质量、工作进度安排
6	库存	满足需求的同时管理持有成本
7	采购	选择供应商、支持在采购产品和服务上动作的需要
8	供应商	管理供应商质量、及时传送和柔性；保持供应商关系
9	选址	决定机构的位置
10	物流	决定如何最好地移动和储存原材料

摘录自 William J. Stevenson. *Operations Management* (12th Edition)。

孩子： 这样的理解不单单为了考核结果，也为了获得工作带来的成就感。例如我有一个药理学硕士毕业的同学，经过招聘环节进入药企工作后,由于对运营一点儿概念都没有,不仅考评结果差强人意,还终日苦恼自己重复做的事情到底有什么实际意义。

妈妈: 非常理解。以这位同学日常工作之一——药效学评价为例,在制药企业中,由于有严格的技术监管标准,许多实验成果常常需要依托有资质的外包组织来完成。这将涉及对供应商的选择,对实验路径的设计,对生物制品的冷链运输,在合作合同签订过程中管控合同履行的进度和风险,要确定支付款项,要验收交付成果的质量等。而这些属于运营范畴的内容在学校的药理学专业课程中并不涉及,肯定会给这位同学带来困扰。

然而对于企业而言,上面每一个环节对于公司运营都是非常重要的。只有对这些基本环节认真管控,才能保证有效地把一个实验室的合成产品转化成技术成果,再通过产业转化成为真正治疗疾病的药品。所以,只有把每个环节都做好了,企业在考评时才会认为这项工作要求落实达标了。如果这位同学认为只有药理实验部分与自己有关,其他工作环节与自己无关,甚至有可能在具体运营环节的工作中产生失误,最终考评结果肯定不会理想。所以理解工作岗位所需要的运营知识是非常重要的一步,接下来还要深入理解自己所在的岗位参与运营程度和范围的真实内涵。

关于"所在岗位对运营的影响程度"维度

孩子: 什么叫"对运营的影响程度"?

妈妈: 我们从下面这个决策的例子来了解一下:

设想一家公司已经在某个项目中投入了 5 000 万元。现在,这个项目误了工期,预计最终回报的收益也没有最初商业计划书或者项目可行性报告中推测的那样好。如果想要实现这个项目的最初目标，还需要6 000万元的额外投资。而同时出现另一个新的项目，如果以同样5 000万元资金进行投入，新项目还可能带来更高的回报。那么这家公司会进行什么样的判断和决策，而具体负责老项目的项目经理会进行什么样的判断和决策？

孩子：遇到这种情形还真不知道如何决策。这让我想到了经济学课上学的"沉没成本悖论"。

妈妈：正是。一如诺贝尔经济学奖获得者丹尼尔·卡尼曼在其著作《思考，快与慢》中讨论的，当有更好的投资项目时，对亏损账户进行额外投资的决策被称为"沉没成本悖论"。在现实商业世界中，从公司的全局角度看，向失败的项目继续增加投入是个错误做法。但是对于该项目的项目经理来说，放弃就相当于承认自己的失败，会认为这是一种耻辱。所以很多人选择依靠组织的资源再赌一把，最大限度地保住个人利益，希望收回个人的投入。

孩子：从"赌"这个字就能看出最后结果凶多吉少。这个例子里的决策自然会对运营产生了巨大的经济影响。

关于"所在岗位对运营的影响范围"维度

孩子：了解了对运营的影响，我们如何理解对运营的影响范围？

妈妈：这个问题如果用金融机构风险管理为例将很容易理解。只要某一个金融机构信用或者流动性出现问题，都可能触发"多米诺效应"，威胁全国甚至世界范围金融生态圈的稳健运行，因此金融机构往往面临着最严格的监管。对于在交易或者风险控制岗位上工作的人，在操作过程中如果有一项计算发生偏差，就可能影响业务的持续性和有效性，打击投资者的信心，影响金融系统的健康发展。

孩子：所谓牵一发而动全身，了解了眼前看似简单的工作任务和运营的关系，不仅在日常操作不会马虎大意，也对考核结果有了全面的认知和判断。

关于"所在岗位需要处理人际关系的复杂程度"维度

孩子：这个容易理解。在校园环境里，我们打交道最多就是老师和同学。工作以后发现，无论在什么样规模的企业，都会遇到更复杂的关系网络，越能处理复杂人际关系的员工越会被重视。

妈妈：非常棒的观察。公司治理之中有一个专门概念叫"利益相关者"，指与企业生产经营行为和后果具有利害关系的群体或个人。这里我们借用这个词来说明本小节所讨论的"人际关系"。一个企业运营所涉及的人际关系，包括内部利益相关者和外部利益相关者。

内部利益相关者可以通过公司的组织结构图呈现出来，年轻人需要意识到这个组织结构图实际还包含了该企业的商业模式信息。通过组织结构图，你们会看到公司内部的利益相关者，包括员工、各个业务条线上的职业经理人、总经理、董事长、董事会成员，通过公开披露的信息还可以看到股东、实际控制人等。

企业还有外部利益相关者，主要包括客户、供应商、监管组织、行业协会等。有些行业相关者脉络更加复杂，例如能源公司不仅需要面对直接使用企业所提供的能源的商业或者居民客户，它们还面临来自政府的税务、工作创造、能源提供和排污方面的监管，以及来自媒体和相关非营利性组织的监督。同时，它们要对大量给自己供货以及从自己这里购买产品和服务的企业组成的商业社区负责。所以在企业工作的每个人，都有可能因为本岗位的工作需要与上述内外部利益相关者打交道。

孩子：看来首先要熟悉公司的组织架构，牢记公司的组织结构图。

妈妈：是的，你们刚走入职场，随着所在企业的规模以及业务范围扩展，相关利益关系联结面也在延伸扩展，针对不同的职业角色、受教育程度、专业背景和职业经验的人，需要采用的沟通方法是不一样的，自然而然带来沟通复杂性的增加。职场中经常可以看到，许多年轻人专业知识、才能出众，就是由于对这种人际关系沟通的复杂性心理准备不足，阻碍了才能的进一步发挥。而通过对内外部利益相关者的清楚认知，可以根据他们的特点调整自己沟通方式，充分了解自己执行的工作指令所影响的群体，全面了解他们的需求，做出真正适宜的决策。

关于"所在岗位需要解决问题的复杂程度"维度

妈妈：我在多年的工作实践中发现一个现象，人们最害怕做复杂的事，总想尽办法躲避。

孩子：当然啰，复杂意味着未知，不可控和不安全。不过我们观察到的是企业越大遇到的问题越复杂，领导层级越高遇到的问题越复杂，所以能解决复杂问题的人自然会被委以重任。

妈妈：其实并不单单是高层级人员需要解决复杂问题。在企业实际工作恰恰会常常遇到这样的情况。貌似简单的工作要求，其实并不简单，如果处理不当，往往会酿成事故甚至产生法律纠纷。

下面我们以合同签订为例：从事研发工作的 James，因为研发需要订购一台法国制造的设备，这个过程肯定要完成合同签订工作。在职场中，每一位工作人员具体经办的交易行为都是代表企业法人完成的交易行为，所以交易的合法性、供应商的选择、合同条款，甚至发票的约定等就成了必须考量运营内容。任何一个环节存在疏漏都可能带来公司的损失。许多公司很难在新员工培训环节对每一个新到岗员工进行合同法培训和交易技巧、谈判技巧培训。所以在企业现实经营过程中，常常可见因为合同签订环节出差错带来的种种问题，如设备规格与合同不一致、收到别人用过的旧设备、货款付完了发票忘记要回来等，本来应该很简单的工作弄得非常复杂，一着不慎还容易引发法律纠纷。一旦引起纠纷，James 虽然在研发岗位上工作，但其考核结果肯定受影响。

孩子： 原来在企业工作，无论哪个岗位都可能参与运营过程。

妈妈： 是的。一旦进入工作场所，就要构建严谨、务实、合规、高效的工作作风。严谨的工作作风指的是不能马虎大意，考虑问题不能简单化；缜密思考问题，审慎处理事务，谨言慎行。务实的工作作风指的是保持实事求是的态度，说实话、办实事。合规的工作作风指的是坚持职业操守，学习用适当的方式坚持原则性与灵活性的统一。高效的工作作风指的是加快工作节奏，研究任务，研究需求，不断夯实业务基础和研究分析能力，高效地解决问题。

这些虽然是一些"老生常谈",却是非常有效的职场经验。

关于"所在岗位需要的领导力"维度

孩子：纵观各大畅销书排行榜，总少不了关于成功励志、说话之道、情商提高方面的书籍，市面上更是有数不胜数的领导力课程。看大家都这么急迫地学习，想必是大量岗位都需要领导力吧！

妈妈：年轻人希望很快成为领导，学习关注成功要素，这容易理解，毕竟整个社会都鼓励年轻人勇敢挑大梁。但如果仅仅看到领导有话语权和资源支配权，而忽视了相对应的"领导的责任"，可能就会产生隐患。领导力并不是所谓成功话术、成功举止的简单堆砌。在观看《指环王》系列电影时，你会看到国王在大敌当前之时就是带头冲锋陷阵的人。

孩子：原来真正的领导要在每一个实践细节之中承担起责任，才能担当得起更大的荣誉和权利。

妈妈：是的。就以我们当下所讨论的考核为例，这是一个非常能够考验领导力的实际场景。作为直线经理，是否能够给予他人公正、客观、实事求是的评价，恰恰能够体现这位管理者真实的领导力水平。一名真正有领导力的管理者一定具有这样的特征：对员工的潜力和绩效有清晰的认识；对员工的目标和准备程度有准确的判断；能使员工队伍和职业素质规划更有效；能努力提高员工满意度和忠诚度。而相应的，考核具有以下特征：

考核的精准性离不开考核者对价值创造、价值评价和价值分配直至最终的企业价值实现的理解；考核的有效性离不开对企业管理制度、团队和个人的绩效目标和绩效的评价和反馈的理解；

另外，考核的激励性离不开对管理结果的应用、奖金分配方法以及奖金水平与企业的激励措施设计的理解。

孩子：原来要想取得好的考核结果，需要关注自己岗位的专业知识、运营知识、运营的影响和范围、人际关系复杂程度、解决问题复杂程度和所需要领导力多个维度。不仅自己要评估工作指令在每个维度的执行，还要及时与管理者或者直线经理共同讨论，才有可能确保工作成果是有成效的，符合任务目标要求的。

妈妈：建议还可以通过以下方式帮助年轻人获得更多、更好地与管理者或者直线经理讨论的机会：

——执行过程中的反馈要保持真实、客观，没有必要刻意夸大成果，以便于合理地管理预期；

——重要节点的反馈要及时确保得到适时的支持；

——计划设定时，厘清推进的步骤；实际操作时，根据实时情况调整节奏；

——完成日常工作的同时不要忘记积极地规划个人发展目标，不仅以此指引自己提高工作质量和效率，还可以提前为以后担任更复杂、更重要的工作角色做有针对性的准备。

孩子：看来我们越知道自己要什么，越明白公司和组织要什么，才越能建立自己与组织之间平衡的关系，越能享受其中。

妈妈：我曾经与许多同事分享过这个办法，一段时间后得到了大家的积极反馈。这个模型可以帮助他们更有针对性地解读每天所接受到的工作指令，让他们可以根据自己的专业基础更加精准地界定这些指令背后存在的运营逻辑，以便更加有效地执行和评估工作成效，避免陷入低效甚至无效劳动的泥沼之中。

这里需要注意的是，考核并没有统一的标准，不同的人遇到的实际情况千差万别。这个模型可以帮助我们在面对考核，面对组织结构变动时厘清思路，围绕企业持续增长的组织需求，找到自己没有看清或者遗漏的维度，但也不要忘了根据自己岗位的特点调整模型使用的侧重点。

中国古老的智慧之书《易经》中"阴"与"阳"就代表了两种对立原则，而万物源于"阴"与"阳"的平衡。所以让个人的贡献与组织的需求在这七个维度之间实现动态平衡、动态协调，就可以在考核之中"知彼知己，百战不殆"。

知行合一，加强职业精神

孩子：听说考核结果里一种很高的评价是"拥有很强的职业精神"。可工作中的大部分时间就是在重复劳作。如此枯燥乏味，我巴不得一下班就起身回家，如果不是为了生计和升职，我一分钟都不想多待。我这样的状态离"很强的职业精神"相悖，但又很难改变，要怎么办呢？

妈妈：这是每一个身在职场的人都会感受到的艰巨挑战。为了帮助你理解自己的困境，《禅说》一书中里有这样一个故事：

有位军医，随着军队出征，在战场上救治伤兵。他的病人方才痊愈，又投入战场继续作战，于是又有伤亡。这种情况往复多次后，军医终于崩溃了，他想：如果病人命中注定要死，又何必我来将他救活；如果我的医疗是有意义的，那么他为何又去战死了呢？他心里乱得无法继续行医，于是进入深山找到一位禅师，跟随禅师几个月后，终于他想通了问题，又再次下山行医。他说："因为我就是医生啊！"

孩子：什么意思呢？

妈妈：无论需要重复多少次，无论病人痊愈后的人生轨迹是什么，身为医生就要承担起治病救人的责任。这个故事反映了职场中最有挑战性的现实，就是职业过程需要付出辛劳和忍耐，而这些努力来的结果也许会随着周遭环境的变化而不再重要，甚至变得无用。也就是为什么有人说职场是需要毅力和自律去面对的"超级马拉松"的原因。想要坚持跑完这场几十多年的马拉松，就需要努力构建职业行为，塑造职业精神。树立职业精神可以为"重复性劳作"赋予使命的重要意义，构建稳定的职业行为能够帮助人们不断走向成功。

中国古代思想家王阳明提出一句话：知行合一。在实际工作中，企业最需要的也是个人将其知识与技能转化为解决实际问题的行为。如图6-2所示

图6-2　知行合一

孩子：看到这个知行合一的图，我想起曾经看过的一个研究结论：一个积极的行业里的从业者不仅工作能够做好，例如能完

成高品质工作，对别人有所贡献，得到认可等，同时又能从工作中过得好，例如得到财富和专业上的提升，相对幸福指数较高。重点在于能否整体协调（Alignment）。综合国内外的经验，如何知行合一，整体协调，实现高品质的工作，培养职业精神呢？

妈妈： 首先，为了实现知行合一，像这位军医一样，经过反思，努力做到不把自己放入事物之中去，也不把自我与所接触的事物对立起来，即所谓《禅说》里提到的"不要'物我对立'"的智慧，认识到救死扶伤就是自己职业职责所在，自己需要做的就是履行职业责任。

其次，为了实现高品质工作，就要不断提升自己的学习应用、分析理解、组织推动、专业管控和沟通协调等能力。

孩子： 这每一项能具体要怎么提升呢？

妈妈： 学习应用能力指的是肯钻研，善应用。钻研代表精通专业知识，明确目标方向，清楚岗位职责，能够熟练掌握业务技能。应用代表善于在实践中综合应用专业知识。通过这两者的结合，做行家里手，驾驭业务的运行，这样不仅能做战斗员，又能当指挥官。

分析理解能力指的是要准确把握理解政策和制度的要求，理解之后再制定计划推进具体方案；分清主次，统筹兼顾。

组织推动能力指的是能有效地预判可能出现的情况，制定紧凑同时可行的计划，并按照计划严格执行。需要时争取并调动所需人力、物力、财力等各类力量，推进发展。

专业管控能力指的是在具体操作过程中能力求精细，精细化工作步骤和工作要求。保证质量、进度和效益，防范风险。

沟通协调能力指的是能通过充分的讨论，保证团队和各部门和谐合作，同时坚守底线和真理，正确对待矛盾，妥善处理矛盾。在遇到工作交叉、利益分配等一系列问题时，学习换位思考、理解他人，并把提升他人利益纳入目标考量，重塑自己的方案和沟通方法。

通过良好的绩效评价走向升职——绩效评价与人才管理关联模型

孩子：我们与工作相处的模式可以有多种多样，不过由于时间是大家最重要的资源之一，最有效的模式莫过于个人通过组织力量获得经济来源、锻炼职业技能、扩张社交网络，从而增强个人力量；组织通过个人力量获得劳动成果、促进技术创新、实现商业目标，从而增强组织力量。如此互相加强彼此的力量，实现共赢。

妈妈：实现共赢是商业世界中所有合作方都期望实现的最理想境界。

虽然"考核"看上去仅是管理手段之一，但是在企业管理实践中，考核往往被视为是一家企业人才建设的一部分，旨在达到企业文化层面的提升。在管理学理论界，对"人"的重要性的诠释一直是各种学派的核心。美国管理学代表性人物之一艾尔弗雷德·D.钱德勒所建立的管理与技术成长理论认为，技术的发展和市场的扩大是企业成长的根本，同时伴随并支撑现代工商企业生长的是由经理阶层和相应的组织结构组成的企业管理协调机制。

所以在现实产业界里，越来越多的企业创始人或者高层管理者意识到，脱离清晰、明确的公开标准而做的价值判断是非理性的，甚至会腐化判断者和被判断者的职业关系。因此越来越多的企业管理者把考核纳入人才管理的全流程之中，努力通过绩效评价选拔人才、加强人才管理。

孩子：既然企业考核也是为了加强人才管理，再结合我们开篇所说企业个人实现共赢的理想情况，那我们刚入职的员工可以如何利用良好的考核绩效评价实现个人和企业的共赢呢？

妈妈：前面章节反复提到过，每一个持续发展的组织都肩负着一个使命，就是把合适的人用在合适的岗位上。员工一旦进入一个组织，就成为团队的一员，会不断被组织关注、评估。而从人力资源专业角度来看，这种关注和评估起始于绩效评价是否过关，而这种通过绩效对于年轻人潜在提拔、换岗的判断也成为每一个管理者年度工作报告的一项常规内容。

还记得之前所说的"所在岗位需要的领导力"维度吗？那里我们提到考核的领导力离不开对团队目标和个人绩效目标的理解，所以目标设定是绩效管理和人才识别的起点。只有这个起点坐标设置妥当了，才可能有之后一系列的评价定位，而目标设定和绩效管理的共同作用是共赢的起点。

孩子：我很好奇一家企业到底是如何进行人才管理的？

妈妈：从人力资源专业角度，人才管理以识别人才为起点，通过对员工个人绩效评价，定位员工本人的职业目标和发展规划，综合管理层的判断，必要时参考其他测评数据，开展人才管理。例如许多企业的人才选拔必要条件之一是上年度或者连续2—3年考核结果在称职以上，或者直接要求上年度考核结果为优秀或者良好。由此可见，绩效评价结果将会应用于人员晋升计划、人才库建设、继任者计划和人力发展战略规划之中，从而形成一套完整的人才管理模式（如图6-3所示）。

人才管理方法：
绩效考核、管理者集体判断、个人职业目标、个人发展规划、公司整体人员计划、第三方测评

人才管理流程A：
HR与部门负责人商议人才管理计划

人才管理流程B：
公司高管研究并探讨人才报告

人才管理流程C：
HR提交评论结果给直线经理

人才管理结果应用：
晋升计划、继任者计划、人才库建设、人力发展战略规划

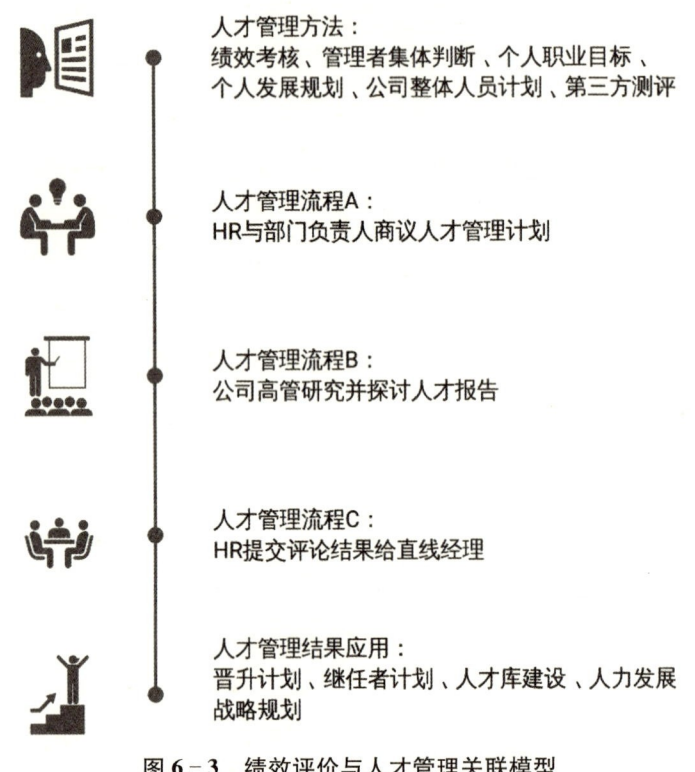

图6-3 绩效评价与人才管理关联模型

以我参与过的"A-B-C"人才管理操作流程为例：

A. HR负责人与业务部门负责人共同商议人才管理的目标、范围、时间等，引入业务沟通与培训。

B. 公司高管参加会议研究相关人才报告；管理人员根据员工绩效评价结果讨论部门人员定级晋升，以及发展建议，并确定后续跟进举措。

C. HR 完成会议纪要并统计数据；HR 负责将员工绩效评价结果交给管理者或直线经理；管理者或直线经理向其职员反馈评价结果；讨论个人职业发展计划。

孩子：通过这张图可以发现，绩效考核与评价把员工的个人行为纳入组织日常业务驱动之中，所以是完成组织业务发展战略，实现个人与组织共赢的重要纽带。难怪妈妈花了这么长的篇幅着重讲解如何顺利完成考核呢！

妈妈：非常正确。当然，在企业人力资源管理工作中，考核标准也会不断变化，所以你们也要因地适宜、酌情操作。因为外部市场环境和内部运营环境相互作用条件下，有太多具体问题需要在具体情况下进行解决，这导致了考核的变化，例如：如何通过绩效管理引导大家为达成公司的市场目标而努力？每个业务部门的业务目标指标体系如何进行分解？不能量化的工作是否可以考核？绩效管理中如何处理好考核的结果与过程并重的特点？在激励不足的情况下如何达到预期目标且不产生负面作用？当类似问题出现时，可以根据公司政策和方向的改变判断我们所介绍的考核方法在新环境里的应用，通过得到优秀的考核结果为自己的职业发展添砖加瓦。

第七章
神秘的好伙伴为你"锦上添花"

> 没有人是孤岛,没有人能自全,每个人都是大陆的一小片,主体的一部分。
>
> ——英国17世纪传教士、诗人 约翰·邓恩

孩子:以前在学校里的时候,不仅每节课有任课老师答疑解惑,还有班主任和学生指导,通过一对一谈话了解每个同学的情况,随时提供帮助。这大大缓解了我在刚到陌生环境求学时的紧张和无助。到了公司,领导和同事们的工作任务都很重,也不好意思去打扰他们。而且职场里可能存在利益冲突,我们入职以后遇到的很多问题不知道该问谁才好,这可怎么办呢?

妈妈:前面我们提到了"直线经理"这个职业角色。一个规范的组织内,组织结构设计上就明确了直线经理应该承担的职责,包括设立目标、任务分派、激励与沟通、绩效评估和培育人才等。所以年轻人在职场上遇到任何困难,首先需要向直线领导及时反馈并沟通,探讨出相应的解决方案。

彼得·德鲁克说过,组织的成果体现在组织之外,而不是组织之内。一旦进入职场,每一个人都要围绕这个基本目标,将自

己的劳动成果外化为社会接受的服务和产品。他还提出要想成为高绩效的管理者，就要学习管理好直线领导的时间，获得直线领导的时间资源。完成直线领导制定的工作目标是职场上首先需要采取的行动。

当然正如你所说，职场环境中，客观存在内部竞争，最常见的是为了完成业绩，争抢重要客户的内部竞争。面对内外部竞争对手，直线经理在履行职责过程中，行为模式可能是"八仙过海，各显神通"。刚进入职场的人，如果碰到了一时难以理解的他人的行为模式，先按兵不动，要认识到，自己虽然专业知识可能具有优势，但毕竟对产业生态的理解才刚起步，所以要观察一段时间再做判断。建议把精力放在理解"个人贡献和组织需求动态平衡模型"上，努力学习他人的长处，不断提高。事实上，除了直线经理，职场中还有许多神秘的好伙伴可以帮助到你，只要你学会甄别和求助，其中最有效的就是外部客户、同事和公司的 HR。

客户可以成为你提高绩效的"神助攻"

妈妈：我对于客户重要性的深刻认识源于自己在金融机构的工作经历。虽然当下股份制银行的工作机会让人趋之若鹜，但 1996 年前后，正值《商业银行法》刚出台，各家股份制银行都处于创办初期，面临的经营目标就是要从当时四大国有银行手中拼抢市场份额。所以所有岗位人员，无论是客户经理还是储蓄柜员，一律肩负一项共同的工作目标——寻找来银行存款的客户。每两个人一组，承包一至两个街道，挨家挨户向商户介绍自己的企业和网点特色。无论盛夏还是严冬，跑过一遍再来一遍。若干年之后，教科书上将这种形式的销售定义为"陌生拜访"。时隔二十多年，当老同事们相聚，共同回忆初创时期的各种艰辛时，仍然无限感慨。虽然现在数字经济时代已经可以通过线上方式营销，但是当年这些争取客户"笨办法"，更能让人体会到客户对企业发展的重要性。

孩子：一句老话说，客户就是上帝，不过现在对于究竟是企业创造客户还是客户创造了企业，在企业界有很多争论。而且苹果创始人乔布斯也说过，客户不知道自己的需求是什么，直到我们拿出自己的产品，他们才发现：这是我要的东西。

妈妈：无论争论结果如何，不可否认的是，在商业世界中，客户可以成为你提高绩效的"神助攻"。

孩子：说到客户和高绩效，我想起之前看到美国《华尔街日报》报道过的空中客车集团的销售总监约翰·雷义（John Leahy）退休的消息。他在23年的工作生涯里，总共卖出1.6万架，平均每天卖出2架价值8 000万美元的飞机。他退休时阿联酋航空公司送出30架飞机的订单作为雷义的"退休礼物"。这实在太厉害了，由此可见客户对他的欣赏。

妈妈：是的，这个报道验证了客户在我们个人职业发展中可以发挥极其重要的作用。客户不仅仅带来业绩，与客户的交往还是学习专业知识、提升你个人领导力的最佳途径之一。我们下面通过客户与领导力关联模型（如图7-1所示）来概括一下：

向客户提供产品或服务的过程中，需要快速将你的领导影响、企业文化及行为、管理成效和产出与成果等领导力要素全部整合在一起，这对一个刚入职的年轻人来说是一种巨大的挑战。

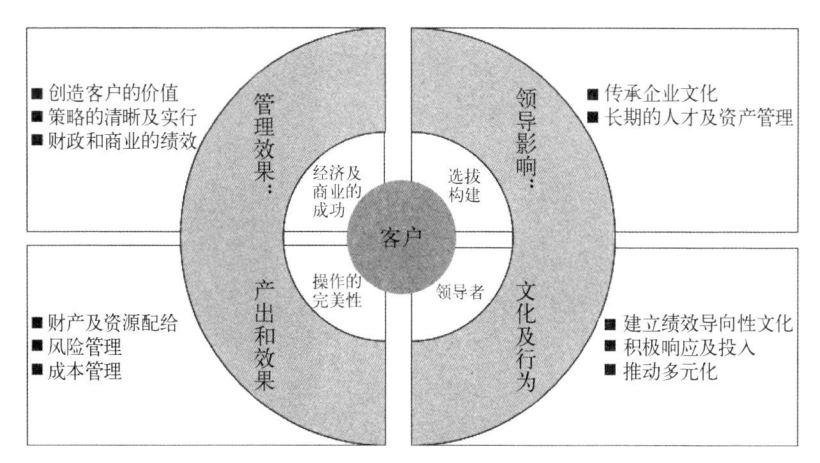

```
┌─────────────────────────────┬─────────────────────────────┐
│ ■ 创造客户的价值   管        │        领    ■ 传承企业文化 │
│ ■ 策略的清晰及实行 理        │        导    ■ 长期的人才及资产管理 │
│ ■ 财政和商业的绩效 效        │        影                   │
│                    果：      │        响：                 │
│              经济及           选拔                         │
│              商业的           构建                         │
│              成功                                          │
│                     客户                                   │
│              操作的           领导者                       │
│              完美性                                        │
│                    产        │        文                   │
│ ■ 财产及资源配给   出        │        化    ■ 建立绩效导向性文化 │
│ ■ 风险管理         和        │        及    ■ 积极响应及投入 │
│ ■ 成本管理         效        │        行    ■ 推动多元化   │
│                    果        │        为                   │
└─────────────────────────────┴─────────────────────────────┘
```

图 7-1　客户与领导力关系模型

因为客户的需求是多方面的，同时随着时间的推移，客户的需求也会发生变化。所以对于服务客户的你来说，不仅需要研究如何让销售策略更加清晰、便于实行，商业绩效如何达成，每一个销售行为的成本和收益平衡，如何防范风险等，还要随时间和客户的变化及时调整这些策略。一旦你掌握了其中的门道，就可以更深刻地理解自己企业和客户企业的管理、投入与产出的商业规律，以及企业文化、销售行为等全面的企业运营知识。

孩子： 原来与客户互动，需要同时具备这么多综合素质。

妈妈： 每个老板都希望拥有受客户青睐的销售和服务人员。这样的人就是你在公司会看到的"明星队员"，公司一定会优先委以重任，在其有意离开的时候用待遇、感情留人。

孩子： 经过你这么一说，我第一次感觉到客户对于我们个人职业发展的重要性。以前一直以为让领导认可就可以被提拔，的确没有意识到客户的满意度才是个人业绩的基石、职业发展的保障。

妈妈：客户对企业的重要性怎么强调都不过分。你想追求职业发展，客户就是可以成就你的贵人。客户的成长带来你的成长，客户的影响力带来你的影响力。当然为了理解客户、更好地服务客户，先需要了解自己企业和客户的关系。对于每一个细分市场你们提供了哪些产品和服务？你的公司的产品或者服务在帮助客户解决什么样的问题？你们在满足哪些客户的需要、在为谁创造价值？谁是你们最重要或最典型的客户？

孩子：在单位中并不是每一个岗位都直接面对客户的。如果那样，如何找到客户这个"神助攻"呢？

妈妈：在一个大型组织内部，许多使用你所在部门工作产出成果的部门也是你的内部客户，所以可以通过支持他们的业务需要获得业绩增长。无论是面对内部还是外部客户，客户的需求都是最重要的。中国著名企业华为公司的创始人任正非先生，要求他的员工"脑袋对着客户，屁股对着领导"。我也亲眼看见过，刚得到提拔的年轻人，当与其同龄的直线下属为其端菜打饭时，深深享受其中的模样。在现实企业环境中，真正消除这种特权习气是需要相当长时间的努力的，所以身在企业的年轻人需要意识到这种现象的存在，牢记自己的立命之本，真正明白重视客户才是实现个人职业发展的重要途径。

同事可以成为你解决问题的"良师益友"

孩子：还记得您告诉我，在您完成博士论文的过程中，得到了公司各个部门同事的大力帮助。他们所学的专业、所参与的运营环节、所掌握的信息、对问题的理解角度以及他们自己在各自业务领域所接触到的外部专家都不相同，他们带来了多样的视角和论点，启发您创造出新的思想和新的方法。那我们在工作中遇到问题时，是否也需要跨部门合作呢？

妈妈：的确是这样。就像《论语·述而》中所说，"三人行，必有我师焉；择其善者而从之，其不善者而改之"。要解决问题，不仅仅需要跨部门合作，有时还需要跨体系、跨公司合作，与监管部门合作，甚至与竞争对手合作。尤其是现在是技术创新拉动经济发展的时代，全社会都在推进"政、产、学、研"立体合作模式，共同解决更加复杂的问题。

我的工作经验是，对于工作中遇到的人，无论是谁，无论他们专业和特长是什么，只要存在差异，就一定有可以学习的地方，我也切实感受过"三人行"带来的帮助和收获。

孩子：想想也有道理。记得我在学校的时候，和不同文化背景的同学讨论问题总会激发新思路，无论是沟通的过程还是最终产生的新的收获，都让人感觉非常愉悦。相信与同事们共同解决困难、共同创造工作也可以带来一样的幸福感觉。

妈妈：这里分享一段我难忘的工作经历：手工填单在现代金融机构已经无法想象，但在2003年前后，我当时所在的公司才开始组建项目团队，开发柜台业务免填单流程，总分行许多部门共同参与其中，自己也有幸参加了项目。最难忘的一个细节就是在选择密码输入键盘时，各式各样的供应商提供的产品中，有一款可以为客户提供语音提示的键盘，当时并不受欢迎。有的部门认为应该选择品牌更响的型号，有的部门认为多这个功能没有意义还更贵，但妈妈以及其他当过柜员的同事意识到年龄大的客户隔着厚厚的防弹玻璃听柜员讲话会很吃力，主张选择这一款，最后被整个项目组接受并得到上级领导尊重和采纳。这款带语音提示的键盘使用之后迅速成为市场上各个金融机构柜台的标准配置，而且一直沿用至今……

孩子： 明白了，我一定会留意在日常生活中向同事们虚心请教，多多沟通探讨，扩展自己的思路和见识。

HR 可以成为你职业发展的"催化剂"

妈妈： 前文提到了与直线经理沟通的重要性。需要知道的是，为了帮助直线经理更好地发展业务，规模较大的公司往往会为业务部门配备专职的 HR——HRBP（Human Resource Business Partner）。HR 是业务部门的合作伙伴，也是你职业发展不可忽视的神秘伙伴。规模小一些的公司以及初创企业，人员使用更加集约化，常见综合管理部门的人员兼职 HR，不过 HRBP 的职责仍然存在。

孩子： 的确，我也感到对于工作中遇到的问题，有时公司 HR 给我的解释与直线领导给出的解释角度不完全一样。不知道这其中还包含着什么样的奥秘？

妈妈： 相比直线领导，一个称职的 HR 可以帮助你更精准地理解企业内部职业发展途径、企业结构变革，帮助你更精准地获得职业发展的支持。

这是由于不同于管理业务的直线领导，HR 的常规工作职责就是围绕"人的发展和需要"而设置的，通常包括：贯彻执行组织调整，包括组织设计、优化、发展和重组；协助业务部门负责人完成年度奖金分配和晋升晋级流程；协助进行离职谈话；支持业务部门推进人力资源工作举措，落实公司企业文化建设；接受员工个人绩效考核咨询以及绩效提升计划；梳理不断出现的新的工作需求；完成后续人员补充等。

下面让我们具体来看一看 HR 如何可以帮助你吧！

帮助你更精准地理解企业内部职业发展途径

妈妈：在一个企业内部，一个人的职业发展空间的延伸广度受到该企业员工总人数、总营业收入、市场国际化程度、产品与服务多元化程度等多种因素的影响。换句话说，当你看到公司的 HR 在不断招聘人员，公司营业收入在不断增加，产品与服务的种类越来越多，使用公司产品与服务的客户越来越多时，作为其中的一员应该感到十分自豪，这意味着企业对于市场的影响在扩展，同时也意味着提供给你的职业发展空间越来越广阔了。

孩子：虽然说空间更加广阔，但是对于个人来说，是否可以抓住发展的机会还要认真考量。我看到越来越多的"内部竞聘"，这是否就是抓住机会的方式之一呢？

妈妈：这是一个趋势，越来越多的企业同时综合运用各种选拔机制——俗称"赛马制"来选拔人才，人才成长轨迹越来越多元化。但是无论采用什么方式进行选拔，都离不开企业组织架构的框架。所以对于那些尚不能完全理解组织架构的职场新人，HR 就是除了直线经理之外最能够帮助你的人。

孩子：企业的具体组织架构会隐藏什么样的发展机会呢？

妈妈：例如，年轻人关心个人未来发展问题，但却无法把出现在公司网站中对外发布的岗位信息与自己的职业发展关联起来。通过与 HR 互动，可以帮助你解读这些岗位变化信息：为什么眼下这些岗位上都有人员在岗,公司还要发布招聘信息,是现有人员不胜任?还是公司为新的组织架构提前开展准备工作?

现实情况中,绝大多数企业都非常欢迎并鼓励企业内部人员应聘这些岗位,毕竟内部人员对于公司的企业文化和规章制度以及业务流程已经非常熟悉了。

孩子:如何理解职业发展路径呢?

妈妈:举一个在销售岗位工作的小刘的例子:对于一个以市场为导向的企业,市场人员进入高层的通道是非常通畅快捷的。对于小刘这样一个基础销售人员来说,客户签单是最高效的晋升助推器。如果接下来小刘愿意在不同市场区域里接受挑战,将很快成为公司的培养对象。熟悉市场和销售的人员可以发展的空间很大,因为市场和销售是能够体现公司经济效益的空间。

再举一个在财务岗位工作的小明的例子:经济空间的岗位,最常见的岗位是财务。虽然财务专业毕业的学生非常多,可是人力资源部最难招聘的岗位就是财务。因为在现实企业环境中,财务对运营的影响范围无疑是最广的,然而由于现代市场环境的复杂性,很多财务在面对包括税务、现代投融资甚至股权结构设计在内的复杂问题时能力不足。如果小明可以提高所在企业的市场业务与财务业务的融合度,将有机会进入更高的职业空间。

孩子:看来希望得到晋升,就要有意识地转入经济空间业务领域,在各类区域、各类业务、各类岗位上接受锻炼。

妈妈:是的。由于企业的经营压力,没经历过经济空间历练的人,企业很难为其提供更大的晋升空间,而经济空间岗位背景的人,则要精通业务。所以无论在什么职位,都要扩大自己的接触面,融会贯通,培养领导层所需要的大局观。

帮助你更精准地理解企业结构变革

孩子：工作之后不时听朋友们谈到有些公司内部的部门被合并、取消，或者整个公司被收购等导致大量裁员，弄得人心惶惶。经历了千辛万苦才确定的工作岗位，部门一旦取消，工作岗位就得不到保障。对于已经习惯了的工作环境，我希望变化越少越好。

妈妈：现实环境可没有那么理想化，变化才是唯一不变的东西。当然，我很理解，职场中的变化的确会让人们精疲力竭。

在不确定状态下，人们信息有限，向自身寻求答案只能看到模糊的状况，减弱自己的信心。因此，他们会向外寻找信息以减轻心中的困惑。很多人首先会求助于权威人士：专家是怎么看这个问题的？

孩子：说起来，企业内部结构的专家就是 HR 了。

妈妈：是的。动荡期如何说服团队完成战略转变也是一个组织赋予 HR 的管理责任。

当然有些组织的 HR 会采取比较稳妥的方式应对变化，比如召开各种通气会议，解释变化产生的原因，分析变化的趋势，同时帮助相关人员迎接变化、做好准备。但是不排除也有些组织的 HR 由于经验不足，对变革的管理过分简单、粗放的情形。

孩子：看来我们从现在起就要对企业结构变革做好心理准备。

妈妈：效率提高和风险控制是企业不断变换其组织架构的基本出发点。其实对于年轻人来说，变化蕴含了超常规发展机会。

塔勒布提出了著名的"反脆弱理论"："有些事情能从冲击

中受益,当暴露在波动性、随机性、混乱和压力、风险和不确定性下时,它们反而能茁壮成长和壮大。"当不寻常且不可预测的"黑天鹅"事件来袭击时,事物在它面前会再现出三种状态:脆弱的,会受到损伤。坚固的,会保持原样。反脆弱的,会变得更强大。塔勒布在分析大量案例后,得出结论:越稳定的越脆弱。他说,"你的工作越是稳定,你对组织越是依赖,那你抗风险的能力就越弱"。

孩子:就好像世界 2008 年金融危机的时候,很多在金融公司工作了大半辈子的人突然面临失业的压力,导致异常焦虑,毕竟瞬间失去了几十年不变的熟悉的环境,而新的环境充满了不确定和未知。而原本就在不断扩充自己的技能,不断与市场要求和技术变更一起进步和创新的人则轻松了不少。

妈妈:就像你的演讲中所说的那样,终生学习,多元化永远是建立自我的核心竞争力,应对外部环境改变的最好办法。

每一代人都经历过具有那个时代特征的"波动性、随机性、混乱和压力、风险和不确定性"的影响,所以认清现实,无须过度紧张,最终还是要靠自己来找到解决方案。

帮助你更精准地获得职业发展支持

妈妈:日本 1968 年的关东大地震几乎摧毁了一座城市,造成了巨大的人员伤亡,所以日本在灾后重建时对建筑的抗震能力有着严格的要求。同样的,人在漫长的职业旅程上不可避免会遇到如同"大地震"一般的变动,例如被迫换岗、异国调动、辞职、法律纠纷等。

孩子:如果碰到类似的职业情况我们可以准备些什么?

妈妈： 回顾我的职业经历，除了在研究所从事的是与大学专业一致的药理专业岗位，之后几乎每一次岗位变动，如储蓄、外汇、零售金融、网点安全、人力资源、内审、合规等，都要面对崭新的业务领域。坦白承认，每次变化都会给我的心理带来不小冲击。也许是接受的冲击多了，转化冲击的能力也就随之强化了。

孩子： 记得你之前提到的去德意志银行法兰克福总行培训的收获。那时候你告诉我，面对岗位变化，不断学习、不断提升就是最好的应对方法。

妈妈： 这也确实是最让人感慨的一段经历。很久以前 HR 部门在全公司内部组织了金融英语培训班。由于这个培训需要占用周六、周日，持续一年多时间，加上我当时在办公室工作，与此专业毫无关系，所以没有报名。但 HR 鼓励我说，趁着年轻应该多学习知识，哪怕是看起来当下没有什么实际用途的知识。我在这份鼓励下坚持学习了近两年，牺牲了许多陪伴你的时间，后来除了通过中国人民银行组织的金融英语专业统考，也没期待会在工作里可以应用。

没有想到时隔八年，当我转至人力资源岗位工作时，遇到了总行为德意志银行所提供的人力资源专业技术项目进行全行公开选拔的机会，至今还记得考场就在中央财经大学的教室里，考试内容恰恰包含了金融英语！结果妈妈在 HR 团队中成绩名列前茅，最后经过层层选拔获得了赴德进修机会。通过这次进修学习到的人力资源管理理念，以及和不同文化背景的同事的交流一直影响自己至今。

就像我这次经历中体现的一样，许多大型公司都会主动组织各种培训，帮助员工提升工作能力，所以关注 HR 提供的培训机会，就可以在无形之中提升自己面对各类潜在变动和机会的能力。同时，要关注每一个工作的当下时刻，从每一个实际问题出发，一点一滴地积累和提升自己的工作能力。

孩子： 我们公司的 HR 部门还聘请第三方心理咨询机构为员工们提供心理咨询，帮助大家在安全、匿名的环境里疏解心理压力。加固员工心理防护看来也是 HR 的工作一部分。

妈妈： 作为一名合格的 HR，接受的职业化工作理念是：所有工作的最终目的是要吸引和留住顶尖人才；满足关键岗位工作的人才需求；通过匹配员工个人职业目标和业务机会，使员工绩效最大化。同时努力减少高潜力、高绩效人才的流失，降低外部招聘成本，提高人才的使用效果，降低关键岗位缺乏合适继任者的风险。因此，优秀人才可以通过和 HR 的合作和沟通，相应地为自己的职业发展助力。

孩子： 明白了。看来保持与 HR 的积极互动，可以帮助我们更快熟悉职业规则，为自己的职业发展锦上添花。

第八章
重新定义工作的意义
——喜欢就要表白

　　整个宇宙就是无止境的改变，你认为生命本身是什么，它就是什么。

——古罗马皇帝　马可·奥勒留

　　孩子：苏格拉底说过："只要每个人在恰当的时候干适合他性格的工作，放弃其他的事情，专精一行，这样就会每种东西都生产得又多又好。"可是我在某个时刻选择了自己认为最适合自己性格和能力的工作，却在获得新的信息和进入实际工作环境中发现并不是这么回事，和自己的期待有很大的落差。在职场多变且崎岖的道路上，我们的想法、经历是时刻在变化的。如何在变化之中找到最适合自己的发展方向，建设长远来看可持续、稳固上升的职业轨道呢？

　　妈妈：你们这一代人的确很有思想，也很有主见。环顾我们生活的世界，既可以看到35岁获得诺贝尔物理学奖的科学家杨振宁，也可以看到85岁获得诺贝尔生理学或医学奖的科学家屠呦呦；既可以看到1991年获得世界女子跳水冠军时只有12岁零

141天的最年轻的世界冠军伏明霞，也可以看到从医75年，96岁高龄仍然坚守手术台上为患者实施肝胆外科手术的中国科学院院士吴孟超。如此可见，职业生涯的长短已经可以自己定义，而无论长短，职业生涯里变化是一定存在的。

老子在《道德经》里说："道可道，非常道。"可以明明白白地表达出来的规律，就不是永恒不变、放之四海而皆准的根本规律了。每一个人的人生道路和职业道路都是经过自己不断实践之后思考总结，并在前进中根据自己的成长和外部环境的变化实时校正调整的。所以在人们漫长的人生道路上，不断重新定义工作的意义也是客观必要的。

孩子：身边许多入职两三年后的同学，由于最初的激情褪去，对职业方向的迷茫开始升腾，加上信息的不对称，不知道应该找谁沟通，往往直接递交一封辞职信，就转身离开。公司有可能正在考虑准备提拔他们，或者正好有换岗机会；也有可能要是更早跳槽，可以找到更好的就业机会，这些都是当事人无法知道的信息。在这样的信息不对称的环境里，我们要如何做出理性的判断呢？

妈妈：建议可以通过"着眼未来"和"关注过去"两个维度帮助自己重新定义工作的意义，寻找未来的定位和发展方向（图8-1）。

其中"着眼未来"维度的关键，就是通过重新评估自己的胜任潜力和

图8-1 "重新定义工作意义"模型

准备程度，完成对未来工作的重新定义。评估胜任潜力，指的是评估自己是否能够提升相关技能，以胜任更加复杂、重要的角色；评估准备程度，指的是评估自己对于胜任并担当更加复杂、重要角色的心理准备和其他条件准备的程度。

"关注过去"维度的关键，就是通过挖掘自己在从事过的工作中所实际呈现出的工作模式、产出的绩效贡献，进一步评估自己的贡献优势所在。

着眼未来，重新评估胜任潜力和准备程度

孩子：麦肯锡全球研究院（Mckinsey Global Institute）2017年发布的报告中称，随着科技的进步，未来全球大概有3.75亿人口面临重新就业。看来即使个人兴趣和能力不发生大的改变，我们大家职业方向也或多或少会由于科技进步而调整。

妈妈：其实这样跨行业的变动一直都是常态，接触面更广以后才能更加清晰地认识产业、行业以及细分行业的发展趋势和机会。腾讯公司董事会主席兼首席执行官马化腾在向《人民日报》记者李昌禹介绍其创业经过时也提到：大学毕业之后他在深圳一家做寻呼系统的公司工作了6年。正是这段经历，使得他成了当时国内较早接触互联网（惠多网）的人，让他看到了在如火如荼的传统寻呼通信系统与尚处于萌芽的互联网之间，存在着跨界整合的可能性和新机遇。这促使他想去用互联网的方法优化人们的通讯方式。

孩子：既然这是大势所趋，那我们要如何在面对工作中不断出现的新要求时重新评估自己的胜任潜力和准备程度呢？

妈妈：以我们一日三餐为例：中国是一个推崇"民以食为

天"的国家，餐饮行业往往被视为是一个靠手艺生存的传统行业。由于品质消费市场开始崛起，在互联网技术的影响下，多元化、小而精品化为这个传统行业带来新的发展活力。当下越来越多餐饮企业更加重视产品定位、运营标准与食品安全，更加注重提升内部流程效率，商业模式越来越具有大规模工业化的新特征。

虽然招聘信息里，人们仍然可以看到如市场总监、运营总监、行政总厨、采购总监等传统岗位，但是这些职位对于菜单管理、数字营销、精准运营方面的专业要求越来越高，于是具有创新思维、精通数据分析手段、对餐饮细分领域理解更加专精的人才更容易在竞争中胜出。

孩子：妈妈的意思就是，由于很多行业的高速发展，想找到未来发展之路，我们需要敏锐地辨识企业需求的新变化，以及变化背后包含的对胜任力的新要求？如此才能与时俱进地提高自己的竞争力？

妈妈：是的，胜任潜力背后对人的要求就是不断学习和掌握新的技术。原来在我们这代人看来属于"未来世界"的技术，例如数字化身份证、可穿戴设备联网、存储云、数字化家庭、智慧城市、无人驾驶汽车、人工智能与决策、机器人与服务、3D打印等已经越来越多地出现在实际社会与生活应用场景之中了。

前面提到的德银的后续综合性发展和培训模型（如图8－2所示）显示：入职以后，胜任力来自不断持续地学习，而学习提升的途径70%来自工作本身，20%来自与同事们的沟通，只有10%完全依靠课堂学习。

后续综合性发展和培训

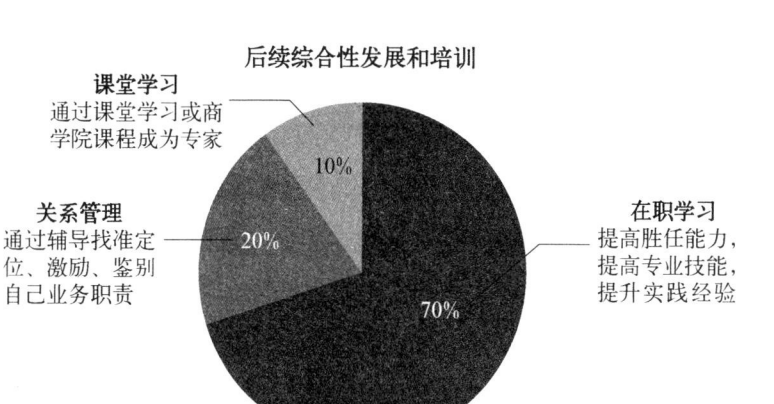

课堂学习
通过课堂学习或商学院课程成为专家 10%

关系管理
通过辅导找准定位、激励、鉴别自己业务职责 20%

在职学习
提高胜任能力，提高专业技能，提升实践经验 70%

图 8-2　后续综合性发展和培训模型

孩子：确实，我观察到很多编程背景不同的同事，为了适应工作中出现的新要求，都在起步学习 PYTHON 编程。最快学会的同事自然在编程语言转型的重要项目里备受重用，获得更多的机遇。

妈妈：这种不断提升胜任潜力的能力非常重要。除此之外，从人力资源管理角度，我们提出，来面对未来，你是否做好了面对更加复杂和更加重要工作角色的综合性准备？

孩子：我们也能感觉到，对学历要求不断提升的形势不可避免。所以许多同学在找工作还是继续读研究生和博士之间有点纠结。

妈妈：俗话说得好："条条大路通罗马""三百六十行，行行出状元"，走向成功之路并不仅限于几种固有模式。无论采用什么路径追求进一步的职场发展，都离不开每一个人对自我综合性能力的提升要求：

（1）提升沟通能力，发掘有效的沟通策略，提高人际交往能力。

（2）勇于接受新挑战，新任务；发展个人或业务策略，参与技术变革。

（3）提升心理耐力，通过自我激励保持高效的工作与幸福的生活的平衡。

孩子：这让我想起了自我需求供给均衡关系罗盘，现在感受到定期使用罗盘重新评估自己需求的必要性了。即使是同一个人，供给侧的"愿力、胜任力和风险偏好"三个变量和需求侧的"生存、安全、爱和归属、尊重和自我实现"五个变量也会随着年龄、职业阶段和社会经历而改变的。

妈妈：很多年轻人在自己心仪的城市安顿下来，随着对环境的熟识、年龄的增长，在基础的安全和生存需求得到了满足之后，对个人需求维度和个人供给维度的综合考量自然也会发生新的变化。大多数人对风险的承受能力变高，开始规划并愿意承担更高风险的工作项目来寻求职业上的更高发展，例如稍大规模的跨国公司海外派驻的项目等。许多企业随着海外市场的布局和业务发展，为了加强管控力，加大了外地派驻的力度，身在其中的员工的职业发展空间也随之扩展。这类项目经常设置了各种外派薪酬包，包括安家费、驻外补贴等，对于年轻人的职业发展也是一个不小的激励。

所以在"着眼未来"这个维度中，建议再次启用自我需求供给均衡关系罗盘、MGP 细分行业罗盘、LEG 筛查罗盘、匹配原则罗盘和岗位三维空间罗盘，全方位重新评估自己的胜任潜力和准备程度。

关注过去，重新评估自己的贡献优势所在

孩子：如果"关注过去"指的是通过挖掘自己在从事过的工作中所实际产生的绩效贡献，进一步评估自己贡献优势所在。那是否意味着还要再次通过"组织需求与个人贡献动态平衡模型"和"绩效评价与人才管理关联模型"评估自己在工作运营中的优势所在？

妈妈：是有必要回顾一下过去工作时间内的自己的优势所在，因为这是个人与实际工作环境互动之后的真实结果。有时"想做"并不代表"能做"。这里介绍一个更加直观的方法——九方格模型（图8-3），它是企业在人力资源工作中常常用于评估人才测评结果的一个工具，也可以帮助个人评估自己贡献优势。

其中，横轴代表过去的绩效贡献，从左至右按C、B、A级划分，C代表低或不稳定的绩效，B代表好或很好的绩效，A代表杰出的绩效。纵轴代表准备程度，从下至上按3、2、1级划分，3代表没有更多潜力，2代表有潜力或尚未准备就绪，1代表有潜力或准备就绪。

孩子：那如何使用这个工具呢？

妈妈：分析自己目前的绩效和潜力状态对应的是九方格的哪一格。如果对应的是A1，意味着你被企业视为准备就绪的继任者，已经准备好迎接更加复杂的挑战。当企业与你沟通提拔意向时，此时需要你的真实反馈，如果喜欢就要"大胆表白"。只有个人和企业达成一致，这样的选拔才是最有效的，更接近"双赢"的效果，企业在实际工作中也越来越多地采用"岗位公开

	C（绩效）	B（绩效）	A（绩效）
1	**错位** • 低/不稳定的绩效 • 证明能立即适应其他岗位 • 不太适合现岗位 • 应立即从现岗位调离 C1	**潜在继任者** • 好或很好的绩效 • 证明能立即胜任更复杂/责任更大的岗位 • 需要到更复杂/责任更大的岗位成长/学习 • 在现岗位不会有过多挑战 B1	**准备就绪的继任者** • 杰出的绩效 • 证明能立即胜任更复杂/责任更大的岗位 • 需要到更复杂/责任更大的岗位成长/学习 • 在现岗位显得屈才 A1
2	**提高绩效** • 低/不稳定的绩效 • 新到公司或新到岗位 • 需要在现岗位继续考察（1年以上） C2	**发展和留住** • 好或很好的绩效 • 证明有胜任更复杂/责任更大岗位的潜力，需提高必要技能（1年以上） • 仍在现岗位成长 B2	**涌现的人才** • 杰出的绩效 • 证明有胜任更复杂/责任更大岗位的潜力，需提高必要技能（1年以上） • 仍在现岗位成长 A2
3	**提高绩效** • 低/不稳定的绩效 • （至少现在）没有证明有胜任更复杂/责任更大岗位的潜力 • 在现岗位工作已有一段时间并且没有提高的迹象 C3	**发展和留住** • 好或很好的绩效 • （至少现在）没有证明有胜任更复杂/责任更大岗位的潜力 • 掌握应传递给其他员工的关键职能的知识 B3	**奖励和留住** • 杰出的绩效 • （至少现在）没有证明有胜任更复杂/责任更大岗位的潜力 • 掌握应传递给其他员工的关键职能的知识 A3

潜力准备程度 ↑   绩效 →

1. 有潜力/准备就绪   A. 杰出的绩效
2. 有潜力/尚未准备就绪   B. 好或很好的绩效
3. 没有更多潜力   C. 低/不稳定的绩效

图 8-3　九方格模型

竞聘"的方式选拔人才。

如果对应的是 A2，意味着你被企业视为涌现出的人才，是一个绩效优势非常明显的候选人。此时企业一般会向你提供更多的培训机会，帮助你进行更加充分的准备，迎接新的挑战。在大企业中，你往往会被列入人才库计划，或者"英才计划""雄鹰计划"等人才培养计划。

如果对应的是 A3，意味着你被视为需要通过奖励留用的人，是一个具备创造绩效优势的人，但是还需要提升。企业环境中经常存在这样的员工：实际工作经验非常丰富，客户非常信任，但由于对新知识和新技术的学习相对于他人没有那么快。所以企业会优先安排这样的员工成为新入职员工的"师傅"或者"教练"，从事业务带教工作。

如果对应的是 B1，意味着你被企业视为"潜在的继任者"。现处岗位对你而言可能已经驾轻就熟，没有挑战性了。如果不能够安排更加复杂有挑战性的工作，你可能就容易成为猎头公司的目标了。

如果对应的是 B2，意味着你被企业视为需要提供进一步培训提升机会的职员。此时需要你抓住企业提供的各种培训机会，提升自己胜任力。

如果对应的是 B3，意味着你被企业视为需要继续留用的人才。此时尤其需要你进一步证明自己具备更大的提升空间。

如果对应的是 C1，你明明有能力按照公司标准录用的，但是在当前岗位上干了 1—2 年绩效不突出，这时首先需要考虑更换工作岗位，去寻找能够让你的优势发挥出来的工作。

如果对应的是 C2，你很可能会被企业视为需要继续观察的员工。所以此时更加需要你寻求提升绩效的方法和路径。

如果对应的是 C3，你很可能正处在被淘汰的边缘，此时尤其需要个人加倍努力。

如此通过精准地评估，帮助你全面了解自己的准备状态，提高对自我发展之路定位的合理性。

孩子：那如果自己判断明明是应该被提拔重用，却并没有得到相应的待遇呢？

妈妈："横看成岭侧成峰，远近高低各不同。不识庐山真面目，只缘身在此山中。"客观评估自己的能力也不是与生俱来的，而是需要习得的。要通过加强与直线经理、HR，或者朋友、家人、老师、客户等的沟通，帮助自己进行更加全面充分的评估，确定自己的方向。很多企业会安排新员工多岗位轮岗，也是为了通过企业和员工双方共同努力，争取更有效地把合适的人用在合适的岗位上。

孩子：现在看来，我们需要经历更加多元化的环境的历练才能够知道自己的比较优势在哪里，而不是仅凭着从相对单一的环境中，较短的时间内获取的印象和概念来选择未来发展道路。

妈妈：是的。英国科学家 William Thomson 提出："当你在讲解和表达某一事物能以数字计量时，则说明你对这一事物有所了解；而当你不能或不可以计量这一事物，或者当你不能或不可以数字表达这一事物时，那么你对这一事物的了解还是较单薄的和不能完全使人满意的。"

所以我推荐使用以下"自我评估表"（表 8-1），记录每次评估的结论，在完成连续评估后试着比较几次评估结果之间的差异，通过不断验证来校正认知的偏差。

表 8-1 自我评估表

	个人优势	胜任潜力	准备程度	校正方向
一、自我需求供给均衡关系罗盘				
五项要素需求	□强□弱	□强□弱	□强□弱	
三项要素供给	□强□弱	□强□弱	□强□弱	
二、MGP 细分行业罗盘				
市场性	□强□弱	□强□弱	□强□弱	
引导性	□强□弱	□强□弱	□强□弱	
趋势与机会	□强□弱	□强□弱	□强□弱	
三、LEG 企业筛查罗盘				
合法性	□强□弱	□强□弱	□强□弱	
有效产品与服务	□强□弱	□强□弱	□强□弱	
成长性	□强□弱	□强□弱	□强□弱	
四、人岗相适匹配原则罗盘				
愿力	□强□弱	□强□弱	□强□弱	
胜任力	□强□弱	□强□弱	□强□弱	
风险偏好	□强□弱	□强□弱	□强□弱	
五、岗位三维空间罗盘				
法律要素空间	□强□弱	□强□弱	□强□弱	
经济要素空间	□强□弱	□强□弱	□强□弱	
管理要素空间	□强□弱	□强□弱	□强□弱	

重新定义自己工作的意义

妈妈：我还想要分享一点：迈向成功的道路之中，需要不断思考和实践在新商业文明条件下的工作意义,而这不是靠简单换个工作单位或岗位就可以一蹴而就的。

法国诺贝尔经济学奖得主让·梯若尔曾经说过,传统时代是单边市场,互联网时代则是双边市场。单边市场只是双方交易,而双边市场一定有第三方参与。海尔集团董事会局主席兼首席执行官张瑞敏在为美国学者乌塞尔·哈克的《新商业文明》一书所作的序言中提出:旧商业文明的宗旨是企业长期利润的最大化和股东第一,本质是以企业为中心。但互联网时代人人都是中心,企业应更关注用户的终生价值以产生可持续的利润,更关注社会、用户、员工和环境的关系,构建一种"共创、共享、共治"的新商业文明。国际上已有多家证券交易所和监管机构推出上市公司环境、社会与治理信息披露要求和指引。你有没有思考过互联网对你生活的冲击和意义是什么?

孩子:我们这代人的成长正伴随着互联网的发展,新技术一出现就变成了我们生活的一部分,算不上是对某种已有模式的冲击,不过对于张瑞敏先生所说的"互联网时代人人都是中心",我依然有强烈的感受。世界上人与人之间的距离从来没有这么近过,而每个人身上的权利和责任也前所未有的大。《向前一步》作者,Facebook 首席运营官谢丽尔·桑德伯格在演讲中提到:有了互联网的帮助,每一个人都可以用一句话或者一张图片激励无数人。有许多人想行善,互联网给了他们无穷的力量。他们可以争取平等,可以反对性骚扰,可以让关心同一件事的人团结起来。同样的,那些想伤害他人的人们也获得了同样强大的破坏力量。

妈妈:不同的时代带给每一个个体的影响各不相同。无论身处哪个时代，伴随人一生的都是不确定性、怀疑、问题与坚定、信仰、答案紧密相连的复杂结合体。这个过程并不是简单的直线，所以靠的不是"一根筋"地闷头向前冲刺，而需要你不断积蓄力量、重新校准、再次出发。根据热力学第二定律，一个封闭的系统最终会达到热平衡，没有了温差，再不能做功。如果引申出来，大到产业组织，小到我们每个个体，如果要想脱颖而出，需要打破局限，在更大空间和时间中实现自身发展，把目光投向更广阔的世界。

孩子：可实际生活里，我对眼前已经做了很多遍的工作任务驾轻就熟，但对于不断更新的外部世界却感到无所适从。

妈妈：罗马不是一天建成的，你对世界变化的判断能力自然也不是马上就能养成的，只不过现在就可以开始有意识培养起来了。前面"产业引导"一节所提到联合国对未来世界人口发展趋势进行的分析和展望，面对未来如此广阔的世界，文化、价值观不断发生着融合与冲突。以大数据为新生产要素的经济学理论和实践将如何变化？人们的消费行为将发生什么变化？人们的职业行为将发生什么变化？相应的组织形态和组织行为将发生什么样变化？市场格局是越来越复杂还是越来越简单？有没有更加轻松简单的解决方案？……

这些都需要你们年轻人来给出答案。越来越多的企业家已经开始探讨和思考新商业文明，有的已经实际迈出了步伐。虽然这些问题看似和你眼前的工作任务以及升职路径没有直接联系，但要知道，作为职业人员，每一个人都无法置身事外。

孩子：明白了，虽然我目前还并不具备对外部环境变化以及自己工作的意义作出完善判断的能力，但只要从现在开始锻炼，这种能力就可以随着职业的发展和眼界的开阔不断提升。就像胡适所说,"怕什么真理无穷,进一寸有一寸的欢喜"。

妈妈:是的。无论是在科学、商业、教育,还是艺术、体育领域,对于走向专业和成功都是渐进的过程,就像王国维在《人间词话》中提出的那样,要经历三重境界:

第一重境界:"昨夜西风凋碧树,独上西楼,望尽天涯路";

第二重境界:"衣带渐宽终不悔,为伊消得人憔悴";

第三重境界:"众里寻他千百度,蓦然回首,那人却在灯火阑珊处"。

在开启了职业宝库大门,完成了对职业的初步体验之后,对于选择什么样的领域作为自己长期从事的职业领域,我们再次来到了选择的关口。这时候需要年轻人运用你们新的智慧,重新定义工作的意义。重新定义之后需要的就是坚守,坚守之中逐渐"破茧成蝶",完成优势力量的升华。

第九章

追求幸福的方法
——重新思考幸福的假设

人的幸福,在于尽兴发挥自己的能力。

——亚里士多德

定义自己的幸福

孩子:在毕业季"烈火烹油,鲜花着锦"的欢庆之后,我突然感受到了前所未有的迷茫和恐惧。选择工作,选择婚姻,选择居住的城市,我第一次意识到自己这个时刻无论作何决定都会是人生重大的转折点,所以生怕一步走错、步步走错。请教前辈们时得到的很多建议是"跟随你的心",可我的心到底在哪里?我又是谁,我真的了解自己吗?我要如何拥有让自己自豪满足的职业,我又如何找到适合我的亲密伴侣,一起建立美满的生活?

上修复瑜伽的课时,老师总会在结束的时候唱一长段梵语歌,然后再念出翻译的歌词。里面有一句话:"愿所有人都可以品尝到生活中甜的部分",不知道为什么总是很打动我,仿佛那时喉咙里流过的呼吸都有点甜滋滋的味道。但现在听着这句话，内心总是里充满了向往和紧张，不知道我的人生可不可以拥有这种甜甜的幸福？

但说到底，幸福又是什么呢？它既不像考试一样有明确的终点和路径，又没法用简单的两分法——好或坏、幸福或不幸福——来确定。它到底是一种时有时无的人生状态，还是一个需要努力达到的目的地？为什么有时候自己取得了一个梦寐以求的成果，却在一段时间的狂喜和亢奋之后反而陷入了空虚和滞怠；而有时候在情绪的低谷里听着来自家人朋友的安慰和鼓励，却又觉得如此的踏实和满足呢？我和很多刚踏出校园的朋友们一样都觉得很困惑，到底如何才可以获得人生的幸福？

妈妈：其实不要太心急，一时间找不到方向也不要太紧张。因为不单单是你们年轻人，即使很多像我一样已经到"知天命之年"的人，至今仍然走在探索幸福的道路中。书店里探索幸福、追求快乐的书籍占据了相当大的空间，世界各地为追求幸福而衍生出的哲学理论、文化活动和宗教仪式更是数不胜数。例如印度教的弃绝期（saṁnyāsa），为了达到和梵合为一体的精神生活，信徒会放弃世俗和物质的追求。有些人的幸福来源于大量的财富积累和资本掠夺带来的物质享受。有些人则认为禁欲是避免苦痛并达到心灵宁静的必备。哲学家叔本华说："欲望越强烈，越贪求我欲之满足的人，他所感到的痛苦也就更多更深。因为欲望经常附在他身上不断地啃噬他，使他的心灵充满苦恼。如此积久成习之后，一旦欲望的对象全部消失，他几乎便以看别人的痛苦为乐了。反之，一个否定求生意志的人，从外表看起来，他的确是贫穷、一无所有、既无欢乐亦无生趣的人，则心灵则是一片清澄，充满宁静和喜悦。他们不会被不安的生存冲动或欢天喜地的事情所驱策，因为这些都是强烈痛苦的先导。他们不贪图生之快乐，因为喜悦过后往往是接续苦恼的状态。"而有些人则认为人生苦短，及时行乐才是幸福的准则。李白的《将进酒》说得好："钟鼓馔玉不足贵，但愿长醉不愿醒。古来圣贤皆寂寞，惟有饮者留其名。陈王昔时宴平乐，斗酒十千恣欢谑。主人何为言少钱，径须沽取对君酌。五花马，千金裘，呼儿将出换美酒，与尔同销万古愁。"

我们至今没有找到一条放之四海皆准的幸福法则。到底是否有标准的幸福模式呢？在探讨这个问题之前，我要把讨论的命题缩小一些，着重来探讨如何挖掘出工作的幸福感。

黎巴嫩诗人纪伯伦曾经在他的诗篇中这样描述工作：

"生活的确是黑暗的，除非有了渴望；所有渴望都是盲目的，除非有了知识；一切知识都是徒然的，除非有了工作；所有工作都是空虚的，除非有了爱；当你们带着爱工作时，你们就与自己、与他人、与上帝合为一体。"

而乔布斯更是在其自传中写道，人最渴望的就是被欣赏。还记得前文里提到的那款带语音的柜台密码输入键盘吗？当我参与过的项目所取得的工作成果被社会广泛接纳时，我所感受到的是一种无形的被欣赏的幸福，这种幸福深远而持久。至少有一种幸福是你参与的工作为社会带来了福祉，让公众能享受你的辛勤工作所带来的便利。

孩子：确实。对我来说，当感受到自己工作成果实在地产生了影响，特别是帮助到用户或者同事的时候，那种满足和欣喜的感觉可以持续好一段时间。但有时我也会很苦恼地发现，工作占用了我太多的时间和精力。有时候上了一天班以后回到家，高速运作了一整天的大脑像是短路了一样无法集中精神。连和人说话或者烧饭的力气都没有，更别说出门和朋友们一起吃晚饭或者看电影了。自己只想窝在沙发上看电视剧，吃随手可得的垃圾食品，第二天一早又进入了同样的循环。工作这样一天天地挤占了我的个人生活，还哪来的工夫去和朋友们联络感情或者维系恋情从而获得幸福感呢？

妈妈：总体来说，人的体力很虚弱，心理也很脆弱，所以很容易被疲惫抓住。首先要接受这个事实，并且评估自己的体力、脑力和心力，有策略地分配自己的时间和精力。在人生这场马拉松里，如果刚起跑就已经用尽了全部的力量，那你如何完成全程的奔跑和竞争呢？回想一下自己上一次感冒发烧的时候那种无能为力的感受，身体垮下了，又如何有多余的精力来创造价值、实现人生意义呢？不知道你有没有注意到，有的时候盯着一个很难的问题集中思考许久也不一定有结果，反而是在散步遛狗的放松状态下更有可能迸发出创意，劳逸结合从工作状态和效率的角度出发来说也是很重要的。

孩子：妈妈说的这个"身体是1，其他东西都是0"的道理我明白，可问题是实际生活中有太多事情让我无法休息。有时各类工作任务叠在一起布置下来，截止日期更是迫在眉睫，我一件件处理下来就已经加班到很迟了，这种忙又能有什么方法解决呢？

妈妈：针对这个问题，首先你要学习分清事情的"轻重缓急",这方面已经有成熟的工具可以帮助你们。随着职位和责任的增加,任务只会越来越复杂越来越紧急,所以如果没有这种意识,只是盲目地随着这个山坡上的雪球越滚越快,最后这种失控的状态可能会导致身体受到伤害。

另外,有时的确存在需要通过过度的"忙"和加班才能体现自己的能力和责任心的现象。这个时候你需要区分,究竟是投入产出效率不够带来的加班,还是项目的不确定性带来的加班。例如技术创新过程中,谁都面临结果的不确定性,有的时候似乎只有通过加大投入来保证确定的结果。所以幸福来自大家知道自己需要什么?也就是本书的基本出发点,从自我认知探索开始。最大限度把握好自己的需求与自己的愿力、胜任力和风险偏好等自我供给要素之间的平衡将是产生幸福的根基。

我刚入职的时候也陷入了一个很大的误区:"现在这个任务很紧急,让我先把自己的个人生活放在一旁,等忙过这一阵闲下来了再去旅游/学钢琴/和朋友联络……"结果这样过了十几年才发现,任务会一个个层出不穷地冒出来,可生活里本可以拥有的许多快乐就这样被牺牲了。所以任务的紧急和繁多不应该是不休息和不照顾自己生活的借口。

孩子: 那在综合地了解了自己体力、脑力的限制之后,我又要如何平衡自己在工作和生活才能获得幸福呢?

妈妈: 正如每种原子都有自己的特征光谱,哈佛大学研究人员提出的"光谱方案"也基于一个基本理念:每个人都有其智能光谱和长处,而且智能光谱并非固定不变,可以开发和提升,具有非普遍性。让大家各自享受对自己来说最幸福的生活才是社会福祉真正最大化的方法。至于标准是什么,路径是什么,掌握在每个人自己手中。你们年轻人接受过更好的教育，视野也更加开阔，相信你们一定可以运用自己所相信的模式和方式去重新思考幸福的假设，开发出自己的"人生小程序"，将各种假设的变量加入其中，运行出属于自己的幸福结果。

孩子：话是这么说，可是我们毕竟不是生活在真空的环境里，有的时候想选择自己喜欢的生活方式，却面临着环境和社会的指指点点。例如，即使有的同学很明确自己就是喜欢家庭生活，就想专心照顾好家人和孩子，并以此为荣，可周围的人都崇尚在事业上拼搏，会让他们觉得自己像做错了什么一样。

妈妈：我很能理解你的心情。在这种情况下，我建议你忠于自己的感受，不要轻易被他人的议论所左右，毕竟人生的选择最终影响到的是自己。

从另一个角度来看，人们能为社会和他人产出最大贡献的地方一定是自己的兴趣和能力都最强的地方。妈妈的观点是忠于自己内心的选择就是效用最大的选择。相反，随波逐流、人云亦云，看似很轻松，实际上是对自己天赋和特长的一种浪费。

孩子：要对自己所做的决定负责，就要最清楚地了解自己的天赋和喜好。可我还并不完全清楚自己喜欢什么样的工作和生活。毕竟一直在校园里学习，接触的职场人也很少，对于市面上可供选择的职业了解并不全面。这种情况下怎么办才好呢？

妈妈：首先给自己一些时间，毕竟客观的自我了解和剖析也是人生的一大挑战。比较直接的方法是先通过实习和正式工作一段时间。在每天的工作生活中，多接触公司客户、合作方，以及其他各类职场的人。观察他们的工作节奏和生活状况，然后问自己，"这是不是我现在想要的工作生活？这是不是我五年、十年以后想要的工作生活?"

当然,在工作中观察虽然深入,但毕竟需要大量时间的投入,所以更快捷的方式还有阅读专业书籍,以及积极参加感兴趣行业的权威机构举办的讲座和会议。因为被邀请的嘉宾多半是行业中的佼佼者,你可以直接有效地了解他们的职业历程,聆听他们的建议和想法,并通过与他们之间的互动,获得对自己喜好的更多的了解。除此之外,市面上也有非常多专业的职业兴趣评测工具供你选择。

所以无须跟随别人对幸福的定义,而是要通过不断加深对自己的了解,对自己的幸福给予新的假设,并勇敢地去追寻。

幸福支点的多元化

孩子: 好的,那如果我初步了解了自己的喜好和对幸福的定义以后,发现现在的工作不符合怎么办呢?如果我已经在最喜欢的行业里,可工作的环境里别的因素让我很讨厌怎么办呢?如果我喜欢和谐的工作环境,可一入职就碰到很难相处的同事,又该怎么办呢?

妈妈: 工作提供了你去了解世界的机会。通过世界与你的互动,又帮助你不断了解自己,如果笼统地说"遇到工作不喜欢"并无助于解决实际问题。已有的心理学研究成果表明,"讨厌""生气"这些情绪的产生,其原因往往源于外界没有达到你的期待。而且通常一个容易对周围环境不满的人,往往也是对周围的人或者事掌控欲比较强的人,希望一切事物最终都能按照自己的意愿来做。你们年轻人在定义自己的幸福的同时,需要理性思考如何构建起支撑自己所定义的幸福的基石，这份自由和责任都掌握在你们自己手中。

就像我无法强迫你穿你不喜欢的衣服一样，我无法把自己的价值观强加于你。职场中需要更多的理性分析，而不是被"狂奔的象"牵引，随性而为。

而如果面对工作提不起劲来，也没关系。首先要理解，想要得到职业幸福感，构建多元化的幸福支点非常重要。

比如说，我有一个好朋友，她一直以来对于帮助女性找到自己的力量有很大的热情。在她的职业刚起步时候，她并不清楚自己想要什么，糊里糊涂随着同学们的脚步申请了工作，在律师事务所里面工作了很久。虽然薪水丰厚，公司名气又很大，但她实在无法忽略自己在每天的工作中感到的厌烦和疲倦。随着她在职业阶梯上的晋升和视野的扩大，她才渐渐意识到自己不必自怨自艾，完全可以利用现在的平台和资源去往最向往的梦想发展。首先，目前在这个职业里积累的财富让她有做各种选择的自由。其次，她通过这个平台上的同事和客户们认识了很多志同道合的朋友，接触到了和自己兴趣匹配的公司和相应的岗位机会。最后，她也通过工作锻炼了自己的专业知识和能力。运用这些优势，她通过朋友们的介绍，跳槽进了一家投资欠发达地区女性的创业项目公司，并获得了巨大的满足感。

即使如此，日常工作中她也只能帮助到一小部分特定女性群体。所以她同时也积极参加当地的志愿者活动，辅导青春期的女孩子们，帮助她们建立健康的自尊。在业余时间她也创立了自己的工作室，帮助进入职场工作的女性提高展示工作成果、商讨薪资等职业能力。如此，通过本职工作、志愿者活动、业余的项目等,她组建了一个最适合自己的多元组合,收获了前所未有的满足和快乐。

妈妈曾经参加某微信公众号创办人举办的交流活动,这位创办人本身有一份固定工作,创办公众号起初是兴趣使然,经过一段时间精心的运营,有超过百万读者关注,这让他收获了快乐和成就感。同时随着读者群体的发展,新的商业模式也相应出现,他考虑退休之后专职运营公众号,这样就可以兼顾爱好和收入。现在的社会对于这样多元化的职业和生活方式越发包容,所以尽可能大胆地尝试。

孩子:这两位都通过一种组合的方式获得了全方位的满足感,确实很激励人。但他们都是先获得了世俗认定的成功,再以此为基础转换到自己喜欢的工作上,职业刚起步的我是否也应该把理想放到一边去追求财富和名望呢?

妈妈:我很高兴你问了这样的问题。追求名利与坚持理想、为他人创造价值并不一定相悖。以你们喜欢的星巴克为例,通过经营和市场宣传,星巴克为客户提供了很多东西——除了咖啡本身,还有干净舒适的社交环境和无线网络,甚至是客户对自己个性的彰显表达的渠道。这些都是它创造的价值,在这个过程中企业也获得了大量的财富。

孩子:这让我想到了之前的一次经历。我在国内某知名大学举办的一次培训活动上,认识了一位与我年龄相差 岁的女同学。她告诉我,她因为家庭经济原因不得不先去打工而放弃了上大学。工作期间正值淘宝网上线,她勇敢迈出了自主创业的步,创立了自己的公司,通过淘宝的平台向全国客户售卖产品。由于价廉物美重信誉,跟随着平台的增长,她也跻身淘宝网优秀卖家行列。我遇见她的时候，她已经是几家企业的老板，拥有着幸福的家庭生活，并通过参加各类这样著名高校的培训让自己在知识和学历方面有更多的储备。而这一切如果没有阿里巴巴和淘宝提供的平台恐怕是很难发生的。

妈妈：是的。你说的这位姑娘借由阿里巴巴公司提供的平台创业，而她自己又通过创业给更多的人提供了就业机会。除了服务本身的价值，这些创业者还给社会提供了大量就业机会，让成千上万的家庭因此得到了经济的保障，而这些创业者在这个过程中收获了财富作为回报。所以一如司马迁在《史记·货殖列传》说，"富者，人之情性，所不学而俱欲者也"。包括我们所讨论的职场，是因为有无数企业家的创建努力才构成了各类岗位的存在。财富与"助人"之间是否存在因果关系，我们并没有足够的信息和数据可以作出判定，但是人们看到的现象是能够真正为客户创造价值的企业一定在不断发展壮大。

君子爱财，取之有道，接受自己对于财富的需要并不代表为了得到钱财可以不择手段。可以认真思考，我的创造和智慧可以如何为这个社会创造价值？如此通过多元的幸福支点，享用属于自己的长久、稳定的幸福。

欢乐颂篇

第十章
破茧成蝶——凝聚并升华优势

故天将降大任于是人也,必先苦其心志,劳其筋骨,饿其体肤,空乏其身,行拂乱其所为,所以动心忍性,曾益其所不能。

——孟轲

妈妈：金庸先生在其武侠小说《射雕英雄传》里描写了郭靖和杨康两个截然不同的人物。郭靖习武起步阶段学得慢,一招一式都要花很长时间。杨康天性聪慧,学起武功来非常快。大千世界里,我们能够看到的每一个人的天赋和悟性都是不一样的。有许多人似乎天生就是"人生赢家",也有许多人需要像郭靖那样,不断经历挫折、接受考验,才能更加精进,成功突破困顿,成为一门宗师。

孩子：妈妈所说的努力和精进的道理我都明白。经常会碰到有人对我们刚入职的年轻人有一些固有的误解,认为我们这代人懒惰成性、娇生惯养。但说实话,对我们来说,不是不能专注,不是不能坚持,而是因为没有找到自己热爱的事情,提不起劲。

妈妈：无论终点想去哪里,总要从某个地方开始。大多数时候的现实情况是你即使发现了梦想，也会暂时因为机遇或经验的缺乏，以及其他因素的限制，无法立刻开始追逐它。但如果因为这样就自怨自艾，连眼前的事情都做不好，又怎么能打开已有的机遇里包含的新的机遇，向梦想前进呢？

孩子：这倒是。有些周围的朋友在转行的时候申请新的工作职位，虽然行业和工作性质完全不同，面试的时候也会遇到新公司打电话给以前公司负责人，了解候选者之前工作表现的情况。毕竟勤恳、负责、高效等品质在任何行业都是需要的，要是之前看似提不起劲的工作没有做好，可能也很难抓住自己真正喜欢、适合的机遇。

妈妈：正是，做好眼前的事情，与理解自己、找到最适合自己的方向并不互相排斥，而且都非常重要。结合自己的职业经历，我对日本著名设计师山本耀司的一句话很有感触，他说，"自己"这个东西是看不见的，撞上一些别的什么，反弹回来，才会了解"自己"。所以，跟很强的东西、可怕的东西、水准很高的东西碰撞，然后才知道"自己"是什么。工作和生活里的"破茧成蝶"，需要不断历练，让"自己"与外面的世界不断互动，从中发现自己热爱的事情，找到自己奋斗的激情。之后，你便可以自己优势力量凝聚升华，以应对更加复杂、重要的职业角色，成为企业或者社会的"中流砥柱"。

凝聚优势力量

妈妈：我在德意志银行进修的时候，他们介绍一个项目进展情况时，我注意到项目被命名为"Delphi"，于是很好奇地查了一下。原来 Delphi 指的是位于希腊的 Delphi 神殿，它是迄今为止欧洲最古老的一座神殿，供奉的是在希腊神话中代表着光明、理性、各种安顿的力量的太阳神阿波罗。Delphi 神庙里横梁上刻着三句箴言，其中就有"认识你自己"这一句。我当时就在想，能够被刻在神殿上的，一定是前人在经年累月体验得到的智慧。之后，我一直在生活中观察和思考"认识自己"对于一个人职业发展的重要性。

孩子： 这个问题看似基础，毕竟我们时时刻刻和"自己"在一起，但真要了解自己，全面理解自己的行为、渴望和梦想，客观认识到自己的强项和缺点，真的是很困难的事情。所以比起把自己独特的经历、背景一层层抽丝剥茧，很多人更喜欢通过星座和血型这类直白简单的方法了解自己，甚至用这些东西指引自己做出重大决定。"认识你自己"并不是一件容易的事情啊。

妈妈： 我的体会是，对自己的认知是会随着经历的积累和心智的成长而更加精准的，很多时候不要害怕去尝试，因为你比自己认为的要更加充满潜能。当读博士的想法在五年前第一次出现的时候，我摇摇头，觉得这实在太疯狂了：离开校园这么久，又离开药学这个领域这么久了，怎么可能读得下来这个博士呢？今年毕业典礼上，当自己的博士帽挂穗被国际医药商学院院长拨转，然后从校长手中接过红彤彤的博士学位证书那一时刻，我好像突然想明白了：其实我渴望想拥有的能量一直都在，只是自己没有觉得。如果有机会在师长们或者职场"伯乐"的点拨下，重新认识自己的这股潜能，通过行动来激发起它，就可以让它呈现出来。

孩子： 这让我想起卢梭说过："我们是软弱的，所以我们需要力量。"妈妈的意思是，我希望拥有的很多力量我们本来就拥有，只等待自己的挖掘和培养？

妈妈：是的。通过自己的职场经历，我特别注意到每个人还拥有以下力量，而这些力量将在时间的长河之中对一个人的成长影响的作用将会越来越强大。

1. 承载的力量

在职场中，选择无处不在，小到选择产品、服务或者客户、供应商，大到选择项目、行动方案或者推进改革、事业合作、社会担当等。就像电影《简爱》中神父对童年的简爱说："责任就是做你不想做但又必须做的事情。"所以人们虽然拥有选择的自由，然而这份自由也带来了对背后承载的责任的担当。

通过选择可以反映出每个人内心"承载的力量"是完全不相同的。有的人即使只是承担身边一两个人的期待和需求都觉得吃力，而有的人每天的决策可能决定了上百，甚至上千、上万人的团队的职业发展和生活质量。自然的，如果拥有可以承担这么大责任和压力的心力，也可以享有更大的成功。否则，即使有机会迈上更高的台阶，如果承载不住众人的期待和需求，成功也无法长久。

当代年轻人遇到的挑战也是前所未有的——生活在一个物质极其丰富，而世界观、人生观、价值观又非常多元化的世界。未来的不确定性强烈挑战人们的心理承受能力，却也给准备好自己承载力量的人无限的机遇和绽放的舞台。

2. 帮助自己的力量

人们在坐飞机，接受飞行安全教育时，客舱服务员总是指导家长要先戴好自己的氧气面罩，再去戴好孩子的氧气面罩。这背后折射出一个基本的伦理理念,就是一个人需要先保护好自己,才有能力去保护他人。这从另一侧面反映出随着社会和文明的进步,整个社会越来越关心和尊重每一个个体的身心健康,而不是一味片面地对自我牺牲进行赞扬与宣传。

对他人、社会的帮助和服务的重要性我们已经聊了非常多了,但我们还没有聊过自己要去寻求帮助的重要性。像你这样性格很要强又很善良的孩子,在帮助别人的事情上特别用心,但自身的需求往往会被放在脑后,所以经常会弄得心力交瘁才自知。我很理解你觉得自己能做的事情尽量自己做,不肯请别人帮助的心情,毕竟寻求帮助也是承认自己的软弱。所以妈妈想告诉你,生命是最可贵的,不单单是你,我们每一个人都是很脆弱的,一定需要彼此支持、彼此帮助才能得以生存,所以,生活的美好也要靠你主动积极地寻找可以帮助自己的力量。

比如,发现自己郁闷愤怒时,就要意识到可以找朋友家人商量商量。一方面排解情绪,另一方面讨论对策,从而帮助自己走出困境。在遇到朋友家人无法解决的困难时,根据难点的不同,也可以考虑请专业的咨询师、导师或者心理医生等帮助自己。相信家人朋友的爱和专家的专业能力,同时也相信自身拥有的强大的自愈能力和潜在力量。承认自己的脆弱和有限,承认自己需要帮助并积极地寻求帮助,这样才能让自己越来越强大,从而更好地生活,更好地帮助他人。

3. 接受的力量

著名物理学家史蒂芬·霍金说过的:"记住要仰望星空,不要低头看脚下。无论生活如何艰难,请保持一颗好奇心。你总会找到自己的路和属于你的成功。"渐冻症对于曾经活泼好动的霍金就是一场令人绝望的灾难，但是他对所有经历的痛苦全然接受，并以令人意想不到的风趣和幽默，尽全力去寻找属于自己的生命意义，给人们带来快乐和激励。职业生涯很长，每个人在生活中和工作中或多或少都会遭遇形态各异的困境，而如果所面对的困境一时无法解决的时候，能否做到以霍金式的乐观和积极去接受呢？

还记得你以前给我分享的一个叫《日常》的日本动画里的一句话："我们所度过的每个平凡的日常，也许就是连续发生的奇迹。"这句话不仅在说日常生活的稳定和幸福实在是得之不易，值得珍惜，而且它也隐含着一个意义，那就是表面上看似是我们在掌握全局的日常生活，其实真正可控的部分是非常小的。《三国演义》里诸葛亮在司马懿死里逃生后曾经感叹"谋事在人，成事在天。不可强也！"即使做了最周全的考虑和巨大的努力，也可能因为外界条件不成熟而无法成功。也正因为这样，我们更应该珍惜自己可以改变和影响的部分，把能做到的事情做好。

还有一种接受来自对真实自我的接受。从小到大，人们的内心不知不觉被周围环境植入各种"标签"，告诉你"你就是这样的"，或者"你应该是这样的"。这些声音可能来自原生家庭、学校和社会，也可能来自某种人生境遇。这些"标签"对人的影响超乎想象，在和外界世界碰撞的过程中，有时候你会发现这些固有的标签和你逐渐成熟的真正的自我认知背道而驰，这时候自我表达和亲友、社会的期待之间不可调和的矛盾会让人感到十分痛苦。正如当代作家张德芬在《遇见未知的自己》中提出的"外面没有其他人，只有你自己"。在外界纷杂的噪声之中，学习接受自己真实的模样之后，才有可能发现自己真正的优势和力量所在。

4. 坚定不移，脚踏实地的力量

所谓"民以食为天"，吃，对于每个人的生活来说都有着很重要的意义。在自己人生这么多次的就餐体验里，让我印象很深的一次是在位于美国西雅图的 Sushi Kashiba 餐厅用餐。其创始人 Shiro Kashiba 是被誉为日本"寿司之神"的小野二郎的大徒弟。作为詹姆斯·比尔德奖的两次提名者，Shiro 曾经为日本首相、艺术大师、明星运动员、行业大亨烹饪，并与当地的大学分享他的知识和经验。日本航空公司和联合航空公司的头等舱也提供了 Shiro 的菜肴。

就餐前，我就一直好奇这位久负盛名，却也七十多岁满头白发的人将会如何工作。在中国，这个年龄的人已经被公众归为颐养天年接受照顾的老人群体了。整个就餐过程中，我的目光几乎没有离开过他。寿司的鲜美自然不必多说，但我用餐过程中所感受到的至今仍然可以清晰记得的快乐和感动，是来自他忙碌的身影和专注的神情。由于要保证服务品质，Shiro 先生每天晚餐时段同时服务的客户控制在三到四名，这样他可以根据当天的食材、天气、配酒以及客人的年龄和状态随时调整餐点的顺序和加工程度。在寿司做好呈现在我们面前以后，他会很细致地解释，这是用来源于什么地方的什么食材做的，为什么这个食材是目前最应季的，采购过程里选择的逻辑和方法是什么。他一边做寿司，一边与客人们互动，了解客人们的背景和需求，整个过程一气呵成，行云流水。从他看到客人们品尝美食后绽放的笑容里能够感受到，他把服务客人、让客人获得喜悦视作对他的最高欣赏和肯定。

在品尝寿司的时候，有一刹那间，我似乎领悟到了也许真正的工匠精神就是这样，无论名声大噪还是门可罗雀，都靠着一种对所追求的事情的坚定，专注于当下那个空间和时间，把眼前的每一件事情做好，让当下充满了无比的平和和宁静，以及伴随而来的喜悦。这份感悟在之后的工作和撰写博士论文过程之中一直不断地激励着我，无论外界的风吹草动，坚定做好自己眼前要做的事情。当2017年11月17日看到论文盲审成绩通知单时，自己也体会到了专注与坚定努力带来的平和和喜悦。

宋代释道原的《景德传灯录》里有这么一段话："师示一偈曰：'百丈竿头不动人，虽然得入未为真，百尺竿头须进步，十方世界是全身。'"之后演化为我们常用的成语——"百尺竿头，更进一步"。到了"百尺竿头"，便是象征着已经拥有了很高的觉悟和境界，"更进一步"是表明虽然到了觉悟的高峰，但依然不能满足，因为前面还有事情要做，虽然所做的事还与平日一样，但是有所觉悟之后所做的事却有着不同的境界。如果大家在职场的最初几年之后，经历过挑战和危机，体悟到了"百尺竿头"的境界，不要忘记还需要"更进一步"，坚守自己的梦想和目标，脚踏实地把每天的具体事务做好，从而更加精进。

5. 构建的力量

在实体企业的工作经历，让我深刻感受到企业家的构建的力量。其实不单单是企业家，无论身处什么行业，提供什么产品服务，所有人都需要学习这种构建的力量，其中包括行动力和毅力。

首先，构建这种创造性活动需要行动力和决策力才能步步推进。同时，构建过程之中必然将面临各式各样需要解决的问题，所以也需要毅力克服困难。如果光有行动但是一遇到困难就绕道走，时间长了项目完成质量一定堪忧。无论是工程、研发，还是市场推广项目，一旦启动，即使项目再小也会随时遇到资金缺失、技术难关、人员变动等问题，更不用说标的为上千万元、上亿元的大项目里错综复杂的难点。构建这些项目需要百折不挠的毅力和勇气一面解决，一面推进。

尽管企业家们的企业规模大小不一，有一点是共通的，为了让企业生存，他们很多都有直面困难、努力解决问题的执着和不放弃。很多职业经理人有这样的共识——虽然许多人自视能够对工作做到很认真投入，但这种投入与认真、负责的企业家那种突破困难的勇敢担当、面对挫折的坚韧和顽强相比，实在差距太遥远，企业家的这种构建精神是值得尊重和学习。

萃取知识　升华思想

孩子：等长大了再回头读学生时期让人头疼的要全文背诵的古诗古文，常常会这样感慨：累积的知识一定要在人生经历的催化下，才能真正转化成思想和感悟。

妈妈：随着在职场时间越来越长，你们手中的工作将从整理加工一个具体数据，编写一段代码，完成一个试验，慢慢演变成为完成一个项目，负责一个局部乃至城市、省域市场等。职务越高，所处理的职场环境就越是多样，在其中众多个人行为、市场环境相互交织作用在一起。所以大家需要掌握更有效的方法去学习驾驭这种职场的复杂性，这时候简单地累积知识点就已经不够用了，需要从自己所学的各种知识点中，萃取知识精华并将其升华、转化为个人职场思想。

孩子：问题是我们在学校里掌握的最好的技能就是快速掌握知识点。如果被提拔到更高的岗位，面对复杂的情况，要如何努力才能高效地把学习到的知识转化成思想呢？

妈妈：《价值评估指南》一书里，英国 Cadbury Schweppes 公司的首席执行官 John Sunderland 说过："价值管理中只有 20% 与数字有关，80% 与人相关……因为是人在创造价值。"如果离开对人的行为和人的需求的思考，离开对客户行为和客户需求的思考，离开对组织行为和组织需求的思考，知识是无法转化成思想的。

孩子：清华大学阎学通教授曾经说过，面对更加复杂的问题，比较观察的能力很重要，能从中外横向和历史纵向观察，才能做到通过不同角度观察清楚客观事物。要用比较的方法观察问题，才能看到两个事务的相似之处和不同之处。这是否意味着要想形成个人思想，就要注重培养比较观察能力和逻辑分析能力，注重学习科学研究的方法？只有这样，才有能力从知识中提炼出思想能力？

妈妈：你领悟得非常快。我们在职场实际工作中，每天遇到的问题是各不相同的。不断提炼打造成熟的职场思想，不仅仅可以增加决策的自主性，还可以帮助你从每天事务性的工作中抽离出来，对工作进行归类、总结，提升规划性和前瞻性。

要知道，每一个企业员工的个人成长和领悟，也促进、带动着企业的成长和创新。回顾我们所学过的管理学教材，彭罗斯认为企业内在因素决定企业成长，而企业是在特定管理框架之内的一组资源的组合，企业成长是由于企业有效地协调其资源和管理职能的结果。安索夫在《企业战略》一书中强调企业的成长取决于企业对自身"能力概况"和"协同作用"的把握。彼得·德鲁克的经营成长理论的主要思想是企业对成长机会的把握取决于内部的成长准备。企业成长能力的关键在于本身有成长潜力的人上，一家企业所能成长的程度完全由其员工所能成长的程度决定的。所以从知识的总结到思想的转换，从而适应、驾驭新的机遇带来的复杂环境，这不单单是对员工个人，对整个企业的发展也是至关重要的。

大到产业组织，小到我们每一个个体，如果要想脱颖而出，需要把目光投向更广阔的世界，把各个学派的知识点萃取成属于你的管理思想，就可以更加从容地驾驭复杂多变的职场环境，把握住职业道路晋升的机遇。

修炼心性　升华职场智慧

孩子：曾经翻看过美国科尔曼·巴克斯英译，万源一中译的古波斯诗人鲁米的诗集，其中，他在《客栈》一诗中这样写道：

> 要欢迎并款待每一位客人！
> 即便他们是一群悲伤之徒
> 会扫荡你的客栈，
> 把家具清空，但还是
> 要招待每一个客人。
> 他们会为你腾出空间
> 以容纳新的快乐。

坦率地说,我并不能完全理解诗人想要表达什么意思,是不是和佛教的"舍身饲虎"一样,即使要牺牲自己,也要来帮助别人呢?

妈妈:一千个人眼中有一千个哈姆雷特。我的理解是,诗里提到的"客人"就是我们每个人自己每天产生的各种情绪,喜怒哀乐、酸甜苦辣。帕斯卡尔在《思想录》中写道:"大人物和小人物有着同样的意外、同样的烦恼和同样的热情;然而一个是在轮子的顶端,而另一个则靠近中心,因而在同样的运动中动荡也就较小。"职场上的辛劳在现实中给人带来的压力考验不是短暂的一周、两周,而是持续十几年,甚至更长久。同时,人类社会并不是一个完美无缺的社会,既有真善美存在,也有阴暗和丑陋存在。面对如此复杂的社会场景,各类情绪反应自然也会轮番来"做客"。那到底是让"客人"主导你的心,还是你的心能够将出现的各种情绪归位成"客人"?这里就引申出职场中一项重要的任务:只有加强对自己心性的磨炼,才能够升华职场智慧,从而跨越前进道路中的种种障碍。记得《客栈》的最后一段是:

> 要心存感激,无论是谁光临,
> 因为他们都来自天外,
> 前来将你指引。

孩子:原来心性的磨炼之路如此重要。但想想也觉得很困难,毕竟无论个人与组织,都面对着同一种现实:再强大的英雄,都存在着自己的"阿喀琉斯之踵"。希腊神话里,阿喀琉斯是美貌仙女忒提斯与凡人珀琉斯的儿子,力大无比。忒提斯为了增强他的力量，在他刚出生时，就握着他的脚后跟将其倒提着浸入冥河，因此全身只有这一处死穴，结果在战争中恰恰被敌方用箭射中此处而死亡。个人的"阿喀琉斯之踵"与组织的"阿喀琉斯之踵"在职场中都有一些什么样的具体表现，我们又要如何应对呢？

妈妈：我们先来说说组织。身在职场的人，常常可以听到对管理者的各种"吐槽"：没有使部属尽其所能，没有指导部属如何做好工作，没有对部属的进步与个人生活表示关心、在协调管理方面没有容纳部属错误的雅量、未考虑影响薪资与工作条件的问题、纵容部属派系存在或者欠缺效率管理等。由此可见，人的因素常常成为组织的"阿喀琉斯之踵"。

正如没有两片树叶是相同的，地球上也没有两家企业是完全相同的。每家企业的"内在基因"各不相同，但共通的是每家企业都既有"优势基因"帮助企业不断发展，也会有"弱势基因"制约着企业的发展。而这些组织的"阿喀琉斯之踵"会在一种特别情形——变革——中特别致命。众所周知，企业不随着技术更迭变革就要死亡，但是如何变革却没有标准答案。如果企业对变革准备不充分，在变革过程中对各种资源的损耗会很大。企业"阿喀琉斯之踵"会让各种资源无法协调，产生人力资源、公司战略、战略驱动、运营驱动以及管理效能等多方面损耗。很多企业都在努力解决这些问题，但目前都无法找到完美的方法彻底解决。

关于个人的"阿喀琉斯之踵"，我多年的职场经验里观察到最突出的两个方面就是嫉妒和骄傲。首先，职场中的嫉妒往往来源于看到别人获得了成功而无法拥有而感受到的怨恨，而这种成功可以是地位、财产、名誉、美貌或者是权利等。虽然表面上往往是嫉妒的人在通过愤慨、嚼舌根，甚至炮制虚假信息等方式攻击被嫉妒的人，但实际上嫉妒是一种带着恐惧、愤怒、羞辱的让人十分受伤的情感。当我们嫉妒的时候，其实是担心会失去自己珍视的东西，例如地位、机会、友谊、赏识等。它往往会让我们在比较之中忘记自己真正应该要做的事情、应该要努力的方向。同时，即使通过努力获得了进步，嫉妒也会阻碍着自己感受不到应有的成就感。

而另一方面，骄傲的人会因为自己某一方面优于他人感到得意。骄傲并不一定是负面的，也存在着健康的、自信的骄傲，这种正面的骄傲是当事人客观地展示自己的真实能力，并不会阻碍和同事建立满意快乐的关系。然而职场里常常充斥的是负面骄傲，一些人会通过俯视或贬低他人的方式"秀"个人的优越感，时常在夸耀甚至夸大自己的成就。这种骄傲并不是自尊和自信，很多时候，当这些人受到客观、有建设性的批评时，往往会无法接受，反而用愤怒攻击对方。负面骄傲容易使人以我为中心，忘却不断精进的重要性，从而在长期的竞争中被淘汰，同时它也阻碍我们与他人平等健康地交往。

孩子：如此看来，嫉妒与骄傲这两个"阿喀琉斯之踵"会让人的心力产生巨大的损耗，不仅容易伤害他人，而且也一定会伤害到自己。

妈妈：随着工作角色越来越重要，人们还将面对更多没有简单答案的问题。我在负责人力资源工作期间，曾经遇到为所有人员重签劳动合同时出现一名业务骨干漏签的情形，自己因此受到了批评处分。在经历了一场自我心理危机之后，我最终在大家帮助下重新树立了工作信心。经历过危机和挑战，我更加体会到"百尺竿头，更进一步"的微妙变化，心性上更加坚韧和顽强。每天日常的工作仍然继续，但是面对复杂问题和突发问题更加从容，将工作组织得更加严密。

孩子：原来提升职场和人生智慧是职业发展的必经之路。除了通过经历挫折与挑战，应该还有其他各种方式帮助修炼心性吧？

妈妈：你提到的这点非常重要。修炼心性并不一定要通过面对挫折，挫折就是挫折，是痛苦和打击，并不是值得主动寻求的东西。美国心理学实验研究表明，面对挫折，人感受到的痛苦比皮肤破损带来的痛苦大很多倍。

有许多人他们的家人、师长、职场中的"伯乐"扮演了人生道路指引人的角色；也有许多人通过寻求宗教的指引完成心性的成长；还有很多人坦然接受自己劳动之后成就的卓越和荣耀，这些方法都同样可以帮助人们修炼心性、获得智慧的增长。

孩子：说到智慧，英国有许多家长为女儿取名索菲亚（Sophia，在希腊语里是"智慧"的意思），代表对孩子拥有智慧的一种期许。记得傅佩荣老师在其著作《哲学与人生》中提出，爱好智慧不等于拥有智慧。

妈妈：非常赞同。因为爱好智慧代表的是一种追求的过程，这个过程的特点就是一直保持心灵的开放，而哲学倡导智慧是需要通过生命的试炼完成的，所以真正的职场智慧一定来自职场的经历试炼和升华。

有些人片面地以为拥有高学历、高智商，就是拥有智慧，其实不是这样。智慧有它的广度和深度，而学历的高低是衡量维度的一部分而已。获得智慧的途径更是多种多样，如从日常生活的锻炼和累积中获得智慧。一如点、线、面组成整个画面，智慧也有点、线和面，只有将它们有机地组合在一起，才能完成带有你个人风格的智慧之画。

孩子：米歇尔·奥巴马说过，"拥有读、写、分析的能力，拥有站起来要求平等和正义的自信，拥有走进那扇门获得一席之地的人脉和资格——这全部开始于教育"。我希望尽自己所能获得优等的教育，积累所需的知识点，同时通过不断在工作环境里实践锻炼，修炼心性并改善个人的"阿喀琉斯之踵"，点亮自己不同维度上的智慧。

妈妈：非常棒！年轻人本来就思想活跃，带着各种正能量，越来越多的人选择去接受在自己当下条件能接受到的最好的教育，这时候只需要记得要在日常的工作里不断累积经验就可以构建属于自己的智慧，让这份智慧为社会增添闪耀光辉。

第十一章
中流砥柱，智慧引领前进的道路

吾尝从君济于河，鼋衔左骖，以入砥柱之中流。

——《晏子春秋·内篇谏下》

智慧与产业并好，而且见天日的人得智慧更为有益。

——《圣经·传道书 7：11》

孩子：每个人都想要成功，前面提到彼得·德鲁克提出的一个问题："你是想要做大组织中的小人物还是小组织中的大人物"？成为"大人物"是否意味着就是"中流砥柱"了，也就是成功了？

妈妈：职场中无法用定量的标准或者精准的内涵与外延来定义什么是"中流砥柱"。想象一下港珠澳跨海大桥工程建设中打进大海深处的百余个重达 500 吨的钢圆桶和 33 个近 8 万吨的沉管，还有高楼大厦建设中的桩基，无论外界环境如何动荡，它们都可以坚实、稳固地支撑着整座桥体或高楼。一个组织或者企业中的"中流砥柱"实质上形容的也是类似的状态。从人力资源专业角度来看，由于企业职级结构取决于企业的产品与服务、员工总数、业务的国际化程度和利润水平等，所以每家企业的职级划分并不统一。一般说来，核心层往往包括高管层、中层/高层管理人员层、专业人员层，还有直接向 CEO 汇报的岗位及其直接下属岗位，这些岗位上的人员常常在企业内部会被视为你所说的"大人物"，处在所指的"中流砥柱"职业阶段。

俗话说：外行看热闹，内行看门道。公众看到的是许多"大人物"受邀出席各种重要会议、商业论坛等场合，享有各种荣誉和头衔，志得意满；然而大家往往忽略的是，这些"大人物"在这些光环之下要担当起的"中流砥柱"的责任和重压。

孩子：虽然企业的核心管理层承受的压力超出常人，但应该也有许多下属在帮助他们开展工作，只要指挥指挥就可以了吧？

妈妈：对于核心管理层来说，经过职场的前期积累，已经熟练掌握了各种工作方法、工作技能以及管理工具。一旦成为一个企业的中流砥柱，职场思维的重心就需要从事务性操作转向战略管理、机构管理、资源分配、风险管理和控制。相对应的，很多具体的执行和行政任务自然会有人帮助处理。但"发号施令"远不是想象中双脚跷在桌上，双手背在身后，往门外喊喊那样轻松随意。从执行战略到制定战略的转变代表着你的决策的成功与失败将对企业甚至产业的发展带来深刻的影响，这对决策者的判断力、大局观、创新意识、风险意识等都有极高的要求。担当的责任越是重要，应对的局面越是复杂，越需要智慧，方能让前进的道路广阔而长远。

"天行健，君子以自强不息"这句话出自《周易·象传》。原意是"天体的运行刚健不已，君子因而要求自己不断奋发上进"。儒家也有这样的观点，强调人的生命需要实现价值。在职场上要想实现价值，还是需要从现代企业的运行规律出发，深刻地理解企业内生力量是如何相互作用的，有针对性地培养自己在战略管理、机构管理、资源分配、风险管理和控制方面的能力和意识，为以后晋升核心层做好准备。

天行健，君子以自强不息

孩子：彼得·德鲁克 1946 年在其著作《公司的概念》中指出："企业作为工业社会一个独立的组织成员，必须像社会的一个普通公民一样，必须按照社会正常运行的要求自律，必须依靠自己的内生力量，通过履行社会责任，实现经济目标，获取经济成果，获取企业自身在社会生态中的存在价值和理由。"

妈妈：我理解这些"内生力量"就是指企业的法律要素空间力量、经济要素空间力量和管理要素空间力量。对这三种内生力量的清晰认知可以帮助自己从一团混沌中抽丝剥茧，寻找问题的有效的突破途径和解决方法。我在自己的论文中描绘过制药企业内部与外部相关法律主体相互联结的示意图（图 11-1）。

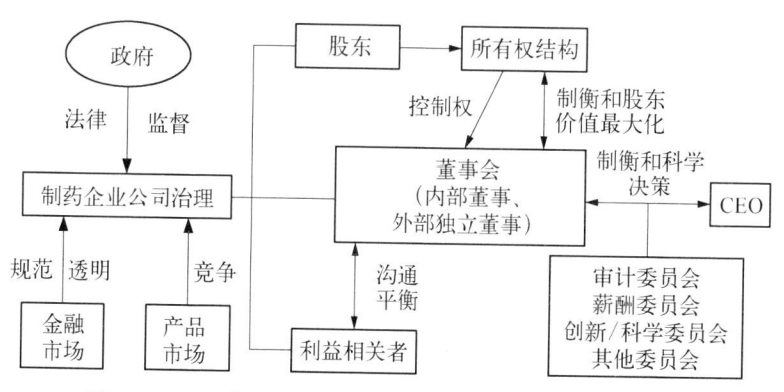

图 11-1 制药企业法律要素空间内、外部相关者关联图

这张图其实也适用于其他各种产业组织。图的左侧代表企业的外部环境，核心主体包括政府、金融市场、产品市场。其中政府通过法律体系和监管体系对企业进行调控；金融市场以市场规范和透明性对企业行为进行调控；产品市场则通过竞争机制对企业的经营产生影响。

右侧代表了企业的内部环境，核心主体也包括三个方面：股东、董事会与经理人、利益相关者。其中股东通过控制权市场影响企业成长；董事会是企业的决策核心，上市公司的董事会通常通过审计、薪酬、科学等内设委员会管控着与企业发展有关的核心决策，包括确定高管人选、制定经营目标等重大经营决策方面；员工等属于利益相关者范畴。CEO 以下关联的部分应该就是每个公司的组织架构图所展现的内在人员分布关系了。

这是一个主体关联关系示意图，实际商业环境中，许多人承担的角色是相互重叠的。比如对于民营企业，最常见的是控股股东与董事长及 CEO 是同一个人；对于存在股权激励机制的企业，CEO 既是职业经理人同时也是股东。没有一家企业外部环境与内部环境各类主体之间的关联关系是一模一样的。

孩子：从你的图里，我感觉企业像一个茫茫宇宙中绕着地球飞行的国际空间站，可以提供宇航员生存所必需的给养、空气。政府和监管机构就好像地面控制站。

妈妈：你的比喻很独特，也很形象。换句话讲，如果监管部门不允许你的空间站起飞，那你的空间站是没法腾空而起的。

孩子：似乎一部法律对产业的兴起也很关键。

妈妈：是的，在企业的职业经历让我深刻体会到政府和金融市场监管机构所创立法律、制度和管理环境对企业的发展至关重要。以美国制药业为例，近半个世纪来它能够在科研开发和市场销售上保持世界领先地位，这与其政府一系列制度安排和政策法规对药品市场上各种利益冲突的调节和制衡密不可分。美国政府在1984年通过的《药品价格竞争与专利期补偿法》获得业界的高度评价。该法案较好地平衡了大众与药品制造商之间的利益关系，也平衡了原研药物制造商与仿制药物制造商之间的利益关系，既鼓励了新药的研究开发，也鼓励了仿制药物的尽快上市。该法案推出之际，欧洲制药企业占据着全球医药市场的主导性地位。该法案推出之后，美国的制药企业在国际医药市场上的地位逐渐开始超越欧洲制药企业。如今每年发布的世界500强企业中，美国的制药企业无论是数量还是综合经济效益都遥遥领先。

孩子：这个帮助我们更好地理解了组织之外的力量，组织之内的力量是在外部力量作用下所形成的。

妈妈：根据契约论理论，企业本质上是一组契约的纽结，因此如何保证缔约方的权利不受损害，保护并激励专用性投资等问题就成了契约论学者和专家们关注的焦点问题。他们认为合理的产权配置和治理结构是解决上述问题的根本途径，而这些问题的解决对于企业组织的稳定和成长无疑是至关重要的，或者说他们将高效合理的治理结构和企业制度视为企业成长的动力源。

孩子：这些内容与本节讨论的"中流砥柱"有什么关系吗？

妈妈：正是进入"中流砥柱"职业阶段的人们需要重点关心的内容。

公司治理是指导和控制公司的体系，通过合约、组织设计和立法等制度安排，明确公司包括股东、董事会、利益相关者、经理等在内的不同参与方的权利和义务，从而使公司更有效运作。

李维安教授在《公司治理学》中指出，为了在改善公司治理安排方面的努力变得更加清晰、目标和标准更加明确，公司治理的内涵主要包括两个方面，第一是如何平衡股东与公司之间的关系，第二是如何平衡控股股东与一般股东之间的关系。其中股东与公司之间的关系实质上就是股东与董事会、董事会与经理层之间的委托代理关系。法律空间力量更常见的通过公司治理来完成顶层设计及运行，进入"中流砥柱"职业阶段的人们需要开始从公司治理高度理解企业的发展。

孩子：感觉企业的内生力量像是生物学里的 DNA，每个企业的 DNA 都不一样。

妈妈：很形象的比喻，在数字经济条件下的企业内在作用机制有待年轻人进一步探索研究并实践。

厚德载物，价值观的丰盛馈赠

妈妈："厚德载物"出自易经的《象传》。原句是"地势坤，君子以厚德载物"。原意是大地的气势宽厚和顺，君子应努力培养自己的德行，用来承载万物。人们在"中流砥柱"职业阶段，工作重点将更多倾向于推动企业文化和促进流程高效化。企业文化更多地聚焦在创造出价值推动、高效产出、快速应对和全球多元的企业文化；工作流程方面则通过使用全球统一的科技系统平台使各项业务操作流程最大程度实现高效。

孩子：让我很不解的是，在国际化趋势的影响下，每一个企业里都可能有大量的跨国员工、供应商和客户，大家各自有不同的文化和教育背景，而大家的价值体系、工作态度、关系处理方式也都不相同。在这样的相互作用下构成的全公司的价值体系，又如何能统一精炼成用几句话表达的企业文化呢？

妈妈：每个企业都会用简洁的语言提炼表述自己的企业文化，其实这不是所有员工所知所想的总和，而是指导大家处理关系、接待客户和运营方方面面的准则，在选人用人举措中就会有所体现。在市场经济环境中，企业价值观的确立可以帮助企业里每一个员工运用共通的准则去应对自己特定的、不断变化的问题。对个人来说，社会、教科书里有着对价值观的定义，还可以再根据观察和体会进行提升；然而对企业来说，企业文化则不单单由管理层或者员工创造，还要受经济趋势、公司规模、国家义化等多方面外界因素综合影响。面对不确定的未来，一个人的价值观影响深远；在迷雾一样的领域，一个企业的价值观非常重要。年轻人在经历了找工作，找到合适的岗位，熟练掌握各种工作方法、工作技能和管理工具之后，在"中流砥柱"职业阶段，不仅个人的价值观愈显重要，对于自己所在企业价值观的理解，和其与自己价值观的匹配程度的考量判断，都是需要认真考虑的问题。

孩子：如果用个人贡献和组织需求平衡模型来看，正是由于到这个阶段，你所承担的岗位角色对组织运营的影响程度越深刻，影响范围越广泛，面对的复杂问题更多，沟通的复杂程度越大，需要的领导力越强，你的决策带来的影响就越大，个人价值观及其与企业价值观的关系对决策影响也就越大。

妈妈：是的，这个阶段的问题已经不是简单的一个方法、一种技能，或一些工具能够解决。新商业文明、环境、公众等各种问题会交织在一起，无法依靠一个简单的原则来应对市场的反应以及公众的评论，也无法轻易完成在各方意见之间的权衡，所以个人的价值观维度也要成长得更加复杂灵活才能高效应对。

孩子：虽然企业的目标就是"逐利"，但到底是选择为了短期内获得大量利益"追逐快钱"，而牺牲长期的资源布局，还是选择为了获得长远的真正可持续性的发展而限制眼前的满足，这样两者之间复杂的平衡取决于企业的价值观。

妈妈：企业这样的两难也都反映在每一个员工日常的每一个选择上。价值观与选择，无法说清是因为先有了价值观才有了选择，还是每一个选择汇聚形成了价值观。不过从成功的企业和成功的人身上总能够看见强大的、正直的价值观的力量。

要成为未来的引领者，你们探索的是没有标准答案的未知世界，意味着更大的责任，也意味着你们在工作中需要边体验、边观察、边思考：什么样的个人价值观才是你最认同的，而你的个人价值观又如何引领企业的价值观，这样才能在多个层面上为企业的大量利益关系者负责。

孩子：很多功夫片里都有主角在武功上到了瓶颈期，就一个人去深山里闭门修炼，出关之后又上一个新台阶的情节。职场中会遇见类似的"瓶颈期"吗？

妈妈：会的，不过职场上没法"闭门修炼"。到了高级管理人员层级，由于所涉及的运营范围广、程度深，所以任何行为偏差导致的负面影响都会很大。统一的教材很难顾及每一个个体以及所在企业个性化的行业、生命周期、产品与服务、市场竞争等特征，有些大型跨国企业会安排总监以上高级管理人员中的高潜质及高绩效者参加"高级教练项目"，聘请专家对他们从知识、经验、成熟度和职业规划等方面进行个性化一对一的指导，帮助人们适应不断加大的心理挑战，以帮助企业规避潜在的风险，更好地实现组织和个人目标。

孩子：听到教练一词，总想到运动场上指导运动员的专业教练，可以纠正运动员在完成运动项目过程中的失误。

妈妈：中国传统文化中往往强调自我担当的重要性，正如这句歌词所描述的："风里雨里莫言苦……再苦再累自己扛……。"对自己所背负责任有所担当固然很重要，但合理地寻求帮助与之是不冲突的，获得专业指导还可以提高你同时担当多份责任的能力。

职级越高，往往越需要在以下方面得到帮助：发掘有效的沟通策略和提高人际关系能力；对于拟新任的职务建立全面客观的认知体系，并建立发展个人或业务策略，同时领导一场变革；提升在组织环境中发掘成功行为和技巧领导力水平；自我鼓励，保持工作状态、工作与生活的平衡。

所以建议年轻人学习接受现代职业观点，在职业生涯的不同阶段都积极主动寻找更大范围的支持和帮助。例如，在欧洲担任高级教练项目的人往往是退休的商界、政界前高级管理人员，他们会通过高级教练项目传承了自己多年积累的知识与经验。

迈入深度国际合作

孩子：随着全球化进程长大的我们这一代人对于生活中的跨国合作可谓是习以为常。例如，《美声绅士》演唱组合，四位演唱者就分别来自美、法、瑞士和西班牙。我上学的时候，学校就有和不同国家友好学校的互相交流，同学中家庭成员国籍多元化的情况也很常见。走进职场以后，无论是因为业务合作还是竞争，接触到各国企业，与各类文化背景的人共事的情况也都越来越普遍。

妈妈：是的。随着中国企业全球化进程不断推进，布局海外市场的热度持续升温。在传统的能源、制造行业积极开拓海外市场的同时，高新技术、文化产业也频繁活跃于国际舞台上。不过这必然也带来了前所未有的难关，中国企业在国际化过程中也面临着对目的国政策法规形势缺乏了解、文化冲突、跨国团队管理水平不足等挑战。

随着国际经济合作和竞争局面发生的变化，全球经济公司治理体系和规则也面临重大调整。对外合作项目在政治上和法律上往往都具有跨区域性，各参与国之间法规和政策的协调统一对跨国战略最终取得成功至关重要。其中一致性和可预测性是为跨区域合作提供稳定且有利的投资环境的核心要素，因此作为"中流砥柱"职场阶段的人们，对于跨区域风险管理需要格外重视。

对公司治理的关注已经不局限于某个企业，公司治理改革已经成为全球性现象，我们需要了解各个国家在治理方面改革的方向。下面列举一些国家在治理体系中涉及公司监管规则方面的一些综合情况，详见表 11-1。从中可以看出，经济发达国家近十多年都在大力加强的公司法改革和监管趋势。

表 11-1 2003 年以来各国公司法和监管方向变化

监管方向	对审计师的审计功能和限制进行界定	提高透明度	界定与控制利益冲突	独立董事会的作用	使投票改善和容易化，强化股东大会的作用
美国	增强	增强	增强	增强	
英国		增强			

续表

监管方向	对审计师的审计功能和限制进行界定	提高透明度	界定与控制利益冲突	独立董事会的作用	使投票改善和容易化，强化股东大会的作用
瑞士	增强	增强	增强	增强	
法国		增强			增强
德国		增强			增强
日本	增强	增强		增强	增强

数据来源：《公司治理：对 OECD 各国的调查》。

在了解了全球发达国家总体监管加强化的趋势以后，我们再了解一下它们各自的特点。这里简单综述几个有代表性的国家相关监管框架。

英国的公司治理规范主要由 2003 年实行的《西格斯报告》（Higgs Report）和《综合规范》（Conbined Code）构成。《西格斯报告》要求公司提高独立董事的质量和受托责任，加强对审计和会计的监督；董事会（主席）除外半数成员为独立非执行董事，董事会主席与 CEO 分开任职，提名委员会由独立董事占大多数并任主席，薪酬委员会全部由独立董事组成。高级独立董事要推动与投资者开展对话。伦敦证券交易所上市规则要求"遵守否则解释"原则。

法国企业遵循的公司治理规范包括 1995 年 7 月颁布的《Vienot 报告 I》和 1999 年 7 月颁布的《Vienot 报告 II》，1998 年制定并于 2001 年修订的《Hellebuyck 委员会建议》以及 2002 年颁布的《改善公司治理规范，Bouton 报告》。上述规范要求公司董事会应当发挥卓越才能，合议讨论决策；董事会监督管理层；建立董事会委员会，其中独立董事至少占 1/3，外部审计师独立；审计及薪酬委员会全部由非执行董事组成，其中 2/3 的成员为独立董事。加强股东在股东大会上的参与、信息要求和投票的权利；薪酬透明化且与公司绩效挂钩。要求采用国际审计标准实行资产负债表浮动制。所有这些规范的主要目标就是提高董事会（监督董事会）治理质量，改善股东问责，使股东价值最大化。

德国的公司治理规范包括《柏林动议规范》（GCCG），《德国小组规范》和《德国克罗默委员会规范》。在德国公司治理历史上，最先出现的是强大的银行机构和家族企业的缔造者，如宝马等。同时，家族企业之间互相持股现象也尤为显著，如德意志银行就对拜耳等在内的多达 70 家大型企业参股。德国作为实行大陆法系的国家，首先由商业法调整基本公司关系，然后颁布单行公司法。大股东持有者的代表们会在正式的董事会以外与管理者们进行非正式的会谈，业已成为德国企业内监管制度的主要方式，设置监事会成为德国公司治理特色模式。

日本在公司治理规范制定方面形成的特征包括：实行终身雇佣制，内部董事与债权人的互补，大的金融机构成为企业的主要股东，也称为"主银行"体制。通常情况下，日本公司董事会几乎完全由内部人员构成，与美国盛行的外部人员主导的董事会形成鲜明对比。日本社会认为保持享有终身雇佣特权的员工们具有更高生产率，终身雇佣制与内部董事会的配合可以被认为是对那些长期出色工作的一流员工的一种荣誉上或声望上的晋升方法。

瑞士将公司法作为民法或商业法的一部分，瑞士联邦委员会 2015 年 3 月 15 日完成通过公司法修订草案。同时瑞士公司的制度规范还包括瑞士商业法和欧盟相关法律。瑞士企业遵循的公司治理规范是瑞士商业联合会于 2002 年 7 月颁布的《瑞士公司治理最佳实践规范》（又称《瑞士规范》），和瑞士 SWX 交易所 2002 年 4 月制定的《公司治理指导》。

美国于 2002 年 7 月颁布了《萨班斯-奥克斯利法案》（Sarbanes-Oxley Act）。美国纽约证券交易所（NYSE）和纳斯达克证券市场在美国证券交易委员会（SEC）的批准和监督下设立了各自的标准。NYSE 2003 年 4 月颁布《公司治理规则建议》，以此为标准审议纽约证券交易所上市公司。纳斯达克证券市场于 2003 年 3 月制定《公司治理和上市标准》，用于审议在纳斯达克（NASDAQ）申请上市的公司。由于它们控制了美国证券市场的绝大部分，所以实质上建立了一种效果上的监管体制。

美国企业的公司治理执行规范还包括 1997 年 9 月推出并于 2002 年 5 月修订的《商业圆桌会议公司治理原则》和《NACD 蓝带委员会关于董事职业化的报告》（1996 年推出，2001 年再次发布），目标是建立审计委员会，保持审计委员会对董事会和公司增加价值，增强美国上市公司竞争、创造就业机会和推动经济增长的能力。美国公共信托与私有企业委员会 2003 年 1 月形成的《彼得森报告》。该报告中对董事会会议遵循自愿原则，制定审计和会计准则，更好地平衡董事会与 CEO 之间的职能；需要更多高素质的独立董事；道德监督；更多股东参与，与公司绩效挂钩的透明薪酬制度。

上述监管制度框架使得美国企业的核心特征表现出以下两个方面：一是分散的股权结构。美国的企业从成立伊始，就可以充分利用社会各种融资渠道获得资金，因此形成了较为分散的股权结构。二是控制权市场约束。美国企业的控制权市场约束与其分散的公司所有权结构是相对应的。由于股票持有相对分散，公司控制权市场实质就是公司产权交易市场。正是由于美国企业产权市场的繁荣，存在并购与接管的良性循环机制，对企业所有者和经营管理者形成强大的潜在约束作用，促进企业的所有者和经营管理者勤勉工作。

孩子：看来虽然采取的手法各不相同，但是国际监管严格化、规范化的趋势是共通的。对企业的强化监管离不开对企业的风险评估和合规管理。看来如果要在公司里担当更重要的责任，对于负责的运营内容合规管理要非常重视。

妈妈：当然，风险管理是企业走向海外市场时尤其需要关注的问题。对风险评估和合规管理框架需要进行独立审查，以确保其能适当应对项目潜在的商业、社会和环境风险，还要了解清楚政治风险的管理和主权豁免问题。

你可以看到上面所有监管要求似乎都是条条框框，一定要牢记其核心都是对企业经营行为和高级管理人员的职业行为提出的要求。

现在国际交流和合作是常态，由此带来人才跨国流动的趋势明显。具有丰富海外并购拓展项目经验、熟悉国际法律法规、具备全球化思维的国际型人才备受青睐。著名人力资源咨询公司光辉国际通过研究发现，在筛选和评估国际化人才时，主要考察其以下三个方面的重要能力：一是在新环境下快速建立人际网络的能力；二是有效识别商业机会并调动当地和总部资源的能力；三是"灰度管理"的能力。所以对于在跨国公司就业、负责跨国项目或者海外就业、交流感兴趣的年轻人需要不断适应相关领域的要求。

第十二章
职业传承与分享

人只要活得快乐,就一定有明智、高贵、公正的人生。同理,人只要活得明智、高贵、公正,就一定有快乐的人生。

——古希腊 伊壁鸠鲁

妈妈:记得曾经看到过这样一个问题让我印象非常深刻:一滴水如何才能永不干涸?

孩子:把它保存在湿润的环境里?

妈妈:答案是,让它流入大海!之所以我至今仍然记得这个问题,是因为在看到答案之前完全不知道该如何回答。

相信这个答案不同年龄、经历的人一定有着不同的解读。对于经历了近三十年职场锻炼,在不同行业、岗位的挑战和机遇里一步步成长起来的我来说,对这个答案的理解是,一滴水代表着生命,而大海则是我们身处的人类社会,生生不息,既充满美好和幸福,也充满矛盾和冲突。水滴进入大海,就像人踏入纷杂的社会,一方面努力去解决已有的矛盾与冲突,另一方面努力去创造全新的美好和幸福,由此收获生命这份珍贵的礼物,而这份选择的自由就在自己的内心和行动里。

孩子：是的，这个世界并不是一个完美的世界。此刻我们坐在有电、有网络连接着的电脑前面打着字，深入讨论职业发展遇到的挫折和困惑的时候，世界上还有许许多多人正在饥饿、疾病、战争之中苦苦挣扎，流离失所。虽然每个个体的力量都很微弱，但我相信，如果我们都可以尽自己所能，利用上天赐予我们每个人独特的天赋，以我们认同的方式去给他人、社会创造正面的影响，那再复杂的问题也都有改善、解决的可能。

妈妈：不知道你是否有所体会，当你做的事情切实地帮助到他人的时候，所收获的幸福和满足感是前所未有的。如此当我们再度回看亚里士多德所说的"人的幸福，在于尽兴发挥自己的能力"时，便会产生新的认识。跨过职场巅峰的人们，仍然可以通过传承与分享，帮助生命的甘露汇入大海，永葆活力，而相反的，拒绝、控制、占有都会扭曲生命的活力。生命是流动的能量，需要回归大海才能生生不息。

传承让幸福繁茂绵长

孩子：看到马来西亚制作的一则春节广告片《为什么我们要用筷子？》里面提到，对于生活在东亚各个国家里的百姓来说，使用筷子吃饭的文化，三千年来都没有改变过。一支筷子没有什么作用，而两支一起就能灵巧地夹起各类大小形状的食物，代表着优雅、团结与和睦。在多元文化的发展环境中，即使面对生活如此平凡普通的小小一双筷子，如果不加留意其背后的文化传承，也容易让他人产生不愉快、不受尊重的负面体验。正如巴西教育学家保罗·弗莱雷（Paulo Freire）所说，"没有人生来就是完全成形的：通过在世界里的自我体验，我们成为自己"。

由于每个人、每个文化和每个国家在历史中的"自我体验"都不相同，所以当看到对于自己来说也许匪夷所思的文化行为的时候，很重要的是尊重他人的文化和传统。通过积极地沟通尝试理解他人行为背后的逻辑，了解其文化背景的发展历史，锻炼自己的跨文化敏感性。

妈妈：这种跨文化敏感性在越发国际化、多元化的职场环境中格外重要。在尊重他人的文化背景的同时，也一定要尊重自己族群的文化，积极主动地学习，并帮助传承自己族群的文化。

孩子：不过很多文化和礼仪都有自己特定的时代背景。如果时过境迁，我很困惑有些细节是否还具有传承的价值？我又要如何判断呢？

妈妈：你说的这种给年轻人带来困惑例子很多。例如我们这代人刚入职的时候就被告知，在会议的过程中，为客户端茶倒水是需要注意的一项职业礼仪。其中有许多细节和诀窍需要关注，例如，如果主动为茶已经喝完的人续水，肯定会被前辈们默默地赞许。但如果来宾们都坐在桌子上就要事商谈，只有你一人在添茶而没有在讨论，反而会有给人一种你没有办法对商讨的内容提出观点、带来价值，而只能在添茶的层面帮上忙的感觉。所以如果要去做，就要在完全不需要自己发言的时候以帮助大家的心态去做。

孩子：这类事情现在我们都不会做，也没有人要求我们做了。

妈妈：在这个例子里，虽然实际工作中已经很少再需要如此精细的商务礼仪，但是"眼里有活"这个要求常常可以在招聘信息中看见。可见，职场上还是有许多情况需要"有眼力"的人才能处理得妥帖，毕竟客户体验往往需要通过服务细节提升，这种需求是不随着时间而变化的。新环境中依然需要通过适用的职业礼仪来体现职业行为的专业性和礼节性。

除了职场礼仪，对于全社会来说还有很多需要传承的内容，小到家庭范围内传承资源、事业、信仰和家族精神，大到国家或者文明范围内传承文化、信仰和文明进步。通过传承，树立持续恒定的理念，建立长久的基本规范，让幸福繁茂绵长。回到我在前言部分提出的问题，现代职场中，到底还有什么是不变的？我的结论是，在全社会越来越关注人的重要性的趋势下，职业精神和职业行为仍然是职场上值得传承的部分，需要每一代职场人共同做出持久的努力。

分享知识与财富让幸福建立在磐石之上

孩子：我们还刚进入职场，无法切身体会你所阐释的一滴水与大海的关系。对于生命个体来说，不确定的未知的世界太广阔了，我们只能关注当下。我自己以前总觉得，只要做完这件事，翻过这座山，得到这样东西，就可以永远地收获平和的幸福，不会再感到迷茫困惑了。然而可以预见，职场轨迹不可能是平缓而毫无波澜的，无论你的认知如何的成熟，明天永远是未知的，所以即使是进入职场后半场，人们也会不断产生更多的困惑。

妈妈：是呀，人其实是很矛盾的。英国作家毛姆说过："我旅行是因为喜欢到处走动，我享受旅行给我的自由感觉，我很高兴摆脱羁绊、责任和义务，我喜爱未知事物；我结识一些奇人，他们给我片刻欢娱，有时也予我写作主题；我时常腻烦自己，觉得借助旅行可以丰富自我，让自己略有改观。"

同样，在职业旅程中，人们也可以感知缤纷商业世界里的不断革新的事物，可以享受商业合作创造出的自由和机会，可以结识"千姿百态"的职场人群，可以从被欣赏中获得快乐，也可以通过职场丰富自我。不过与毛姆笔下的旅行区别在于：这段旅程无法帮你逃离责任，相反，它一定伴随着无法摆脱的责任和义务，时间长了，在商业世界打拼带来的成就感和新体验，与扛在肩上的责任和义务带来的压力和纠结，会让人陷入痛苦的抉择。

孩子：我想，这份抉择的一个重点还是在于人生的满足感和自我实现感。即使很苦很累，但如果知道自己的劳动成果，以及劳动成果创造的收入和税收在帮助建立社会、帮助需要帮助的人群，想必就会觉得值得。现在越来越多的企业家和成功人士都在创建非营利性组织或者参与非营利性组织，热心公益，关怀他人，这些都为社会作贡献。

妈妈：是的。"十年树木，百年树人"，越来越多的成功人士和优秀的企业家将自己的财富捐献给小学、中学和高校，或者设立教育的基金，支持教育和科学不断进步和发展。例如，腾讯创始人之一陈一丹先生用自己的财富设立了全球教育奖。

孩子：我们一直想找到工作与生活的平衡之道，不过英国哲学家和作家阿兰·德波顿（Alain de Botton）说过，"没有工作与生活平衡这样的事情。一切值得为之奋斗的东西都会使你的生活失去平衡"。这实在有点让人困惑。

妈妈：随着年龄的不断增长，其实你将发现在生活与工作之间，人们很难清晰地划出一条界线。就像长江入海口，如果用无人机从高空航拍，摄像镜头拉得越高，似乎可以看到江水与海水之间清晰的分界线，可是当摄像镜头越来越贴近水面，会发现江水与海水在交汇部分其实是互相融合的。同样的，从宏观角度说起来，工作和生活是两个分开的概念，但实际上工作的经历、成果、收入等也在不知不觉之中影响着人们的生活，而生活的选择也无法避免地会影响职业的发展。所以就像我们之前所说的，还是要看当事人的喜好以及需求，自己选择取舍。

孩子：也许因为很多人觉得工作挤占了他们和家人相处的幸福时光，或者自己个人的休闲时间，所以希望"早早赚够钱"提早退休。

妈妈：每个人都有自己的选择，只要满足自己对幸福的定义就好。我自己的想法是，工作是自己生命里最重要、最美好的旅程之一，而一段旅程结束，还可以开始另一段旅程。美国卡特总统退休后当了35年义工，93岁仍坚守在志愿者的岗位上为他人服务。

《犹太人的财富智慧》中就写道："把退休当成人生目标非常具有破坏性。好像精神上的病毒，或是扭曲影像的镜片，会影响你所有的想法，破坏你的人生观，让你采取错误的行动。"彼得·德鲁克的《管理自我》一文也提到，"也许会管理自己职业下半场的人永远可能是少数。大多数人可能就早早地'在工作中退休'，一直计算着距离退休的年数直到他们的实际退休为止。但正是这种少数把人类逐渐的长寿视作对社会和对自己的机会的男人和女人们，将成为领导者和人生楷模"。

如果工作实实在在地给你带来满足和快乐，即使到了退休年龄，也没有理由将自己仍然动力十足的发动机突然熄火，更没有必要就此放弃追求幸福的力量。事实上，只要你决定，职业的旅途每天都可以继续前行，你可以按照自己喜欢的方式去发挥自己无与伦比的天赋和潜力。就像卡罗尔·德韦克教授的研究所证实的，智力不是固定值，可以通过后天培养开发。这也给我们这代人带来启发，只要不放弃学习，即使面对职场的后半段旅程，仍然有改变工作和生活的空间，可以继续通过分享和创造获得深层次的幸福。对于积攒了大量宝贵的职场经历和资源的我们来说，与年轻一代的新生力量分享自己的知识和经验正是创造这种幸福的方法之一，所以也就有了这本书的诞生。

图书在版编目(CIP)数据

职场对话 / 蔡语婧,陆伟著. — 上海:上海社会科学院出版社,2019
ISBN 978-7-5520-2828-7

Ⅰ.①职… Ⅱ.①蔡…②陆… Ⅲ.①职业选择—青年读物 Ⅳ.①C913.2-49

中国版本图书馆 CIP 数据核字(2019)第 154610 号

职场对话

著　　者：蔡语婧　陆　伟
责任编辑：周　霈　杜颖颖
封面设计：夏艺堂
出版发行：上海社会科学院出版社
　　　　　上海顺昌路 622 号　邮编 200025
　　　　　电话总机 021-63315947　销售热线 021-53063735
　　　　　http://www.sassp.org.cn　E-mail:sassp@sassp.cn
排　　版：南京展望文化发展有限公司
印　　刷：上海龙腾印务有限公司
开　　本：890×1240 毫米　1/32 开
印　　张：7.75
插　　页：2
字　　数：172 千字
版　　次：2019 年 8 月第 1 版　2019 年 11 月第 2 次印刷

ISBN 978-7-5520-2828-7/C·186　　　　　定价:48.00 元

版权所有　翻印必究